공중인 시인 초상화(그림: 전완식)

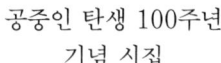

공중인 탄생 100주년
기념 시집

또
하나의
무지개

북레시피

『또 하나의 무지개』를 펴내면서

1965년 아버지께서 돌아가신 후 수없이 이사를 다니면서도 어머니께서는 이사할 때마다 늘 몇 개의 박스를 소중하게 보관하셨습니다. 아버지께서 쓰신 원고들이었습니다. 어릴 때는 그런가 보다 했지만 제가 40대에 접어들면서 원고들을 정리해 출판해야겠다는 생각을 갖게 되었습니다.

그동안 미뤄두고 있다가 비로소 작년 8월에 33년의 교직 생활을 마치고 원고들을 정리할 시간을 갖게 되었습니다. 정년퇴직 후에도 이런저런 일들이 많다 보니 올해 6월이 되어서야 비로소 시간이 나서 아버지 원고들을 정리하기 시작하였습니다. 그렇게 꼬박 3개월의 정리 끝에 아버지 영혼의 결정체인 소중한 시집이 세상의 빛을 보게 되었습니다. 다행히 2025년을 넘기지 않았습니다. 올해 2025년은 아버지 공중인 시인이 태어나신 지 100주년, 돌아가신 지 60주년이 되는 뜻깊은 해이기 때문입니다.

처음 작업을 시작할 때는 1957년 출간한 『무지개』이후 발표된 시들을 묶어서 시집을 만들자는 생각으로 '무지개, 그 후'를 제목으로 염두에 두었습니다. 하지만 작업하다 보니 『무지개』이전 발표했으나 시집에 실리지 않은 시들도 많았고, 발표한 시들 또한 계속 수정하셔서 그러한 시들을 포함하게 되었습니다. 그리고 처음에는 육필원고들을 미발표 작품이라 생각했는데, 이 경우에도 발표된 작품들이 대부분이었습니다. 이러한 작품들을 모두 싣다 보니 제목도 '또 하나의 무지개'로 정하게 되었습니다. 「조춘서곡」에서 "온 누리에 무지개를 깔아 놓으리라"던 아버지께서는 시 「묘비명」에서 "내 노래의 무덤은 하늘의 무지개"라고 하셨기 때문입니다.

어느 정도 작업하다 보니 시들을 목차로 구분하여 체계를 잡아야 했는데, 문학과 거리가 먼 저로서는 쉽지 않은 일이었습니다. 그런데 아버지께서 시집을 발간하려고 목차와 시들을 분류해놓은 육필원고를 발견했습니다. 아들을 위해 아버지께서 미리 준비해두신 느낌이었습니다. 이 시집 목차의 전반부를 구성하는 봄, 바다의 월광곡, 영곡, 애수, 밀어초, 산곡집은 아버지께서 이미 각 장에 따라 시들을 분류해놓으신 것이고, 이후 이어지는 청춘무곡, 귀거래사, 나무와 시인, 종다리 바람은 아버지의 뜻을 고민하면서 수많은 생각 끝에 제가 정한 것들입니다. 아쉽지만 시집 제목은 써놓지 않으셨습니다.

사실 처음에는 단순히 아버지께 효도하는 마음으로 시작한 작업이었습니다. 그냥 원고 정리해서 출판하자는 생각이었지만, 매체에 발표된 작품들과 육필원고들을 한 편 한 편씩 워드로 옮기면서 계속 아버지와 대화하는 것 같았습니다. 나이 들어서 나누는 아버지와의 이러한 대화가 너무나 좋고 귀중했습니다. 아버지의 철학, 인생관, 가장으로서 생계를 책임지어야 하는 의무감들을 아버지께서 쓰신 시와 수필들을 읽으며 알 수 있었습니다. 「구원의 모상」에서 "'안녕히'라는 말조차 남기지 못한 채" 헤어진 어머니를 그리워하는 마음은 그냥 눈물 짓게 합니다. 너무나 보고 싶은 아버지와 이렇게 대화할 수 있어서, 아버지를 알 수 있게 해주셔서 아버지께 감사드릴 수밖에 없습니다.

아버지는 한 편 한 편의 노래로 줄곧 저에게 말씀하셨습니다. 26세 때 쓴 「동해의 정화情火」에서 아버지께서는 꿈속의 여인 달례(달禮)를 부산 범어사에서 만나게 된 감동을 절절하게 말씀하셨습니다. 20대의 아버지는 저와 정신적 수준 차이가 너무 컸지만, 그래도 그 글을 통해 20대의 아버지를 알았습니다. 30대에 쓰신 「도화유수桃花流水」에서는 "아, 헤렌은 진실로 진실로 나의 귀촉새였었는가!" 하시면서 그 영혼의 절규를 하고 계십니다. 이렇게 아버지 영혼의 발자국들을 쫓아가다 보니 아버지와 좀 더 깊은 영혼의 대화를 할 수 있었던 것 같습니다. 출간 준비를 하면서 아버지의 20대, 30대, 그리고 마지막 돌아가시기 전까지 삶들을 느낄 수 있었습니다.

아버지께서 쓰신 시 한 편 한 편은 그 영혼의 깊은 곳에서 나오는 진주 같은 노래의 결정체입니다. "죽음보다도 두려운 노래의 샘이 마르기 전에!" 시를 쓰시는 것 같아 마음이 무척 아리기도 하였습니다. 시인의 시가 이렇게 어려운 과정을 통해 태어난다고 생각하니 그 삶이 얼마나 치열했을지 상상이 되지 않습니다. 『또 하나의 무지개』는 아버지 영혼의 주옥같은 노래들입니다. 이렇게 세상에 나와 아버지께서 기뻐하실 것을 생각하니 저는 마냥 행복합니다.

공명재(공중인 시인의 차남)

차례

* 일러두기
이 책의 맞춤법 표기는 시어에 따라 당시 표기법을 그대로 살려둔 부분
이 있음을 밝혀둔다. 다만 본문 중 '종다리'와 '종달이'가 혼재되어 있어
'종다리'로 통일하였듯, 같은 단어의 표기가 일관되지 않는 경우 현대 표
기법을 기준 삼았으며 그 밖에 띄어쓰기는 현대 맞춤법을 따르되 시편
에 따라 본래 형태를 그대로 유지하기도 하였다.

1 봄

봄

바람이 떠받드는
은행잎들의 몸부림
노을빛 향기에 꽃이 스스로 취해
하늘대는 연못의 무늬……
봄노래 흔드는 뭇새의 지저귐

아지랑이

구름에 닿으는 종다리의
만가락 피리소리……
한나절 메아리지어 오나 보다.
청맥靑麥을 헤젓고 흔드는
백만百萬의 백사행白蛇行!
머언 날의 불꽃의 환상처럼
아지랑이, 하늘에 오른다.

라일락

한 떨기 라일락의
푸른 숨결이 그리워
오월은 저렇게 푸르렀나 보다

오르내리는 은비銀飛의 물결은
연연 우짖어 쓰러지는 만가락 종다리
너로 말미암아 빛발은 마침내
피보래치는 우람한 교향!
하늘은 서산에 저렇게 노을졌나 보다

하물며 사모친 내 가슴 –
지금은 젖빛구름에 감도는
머언 그이의 꽃정精인가, 보랏빛이 서러워
애절이 부르며 하염없이
사양斜陽에 빗기는 종소리인가 싶으니

라일락이여

세월이 보낸 어느 전설의 새벽하늘이
유현幽玄의 길로 간절한 보람을
피워 주었기에
이리도 내음 어린, 이리도 우아로운
사랑의 이름처럼 노래 흔들게 하는가,
너는!

아 ─ 한량없는 내 노래의 조국은 저곳에,
영겁의 바다처럼 너의 밀어의 샘은 푸르러,
종다리 스치는 바람결에 하늘거리며

해마다 뜨겁게 피어 있을
라일락 오월의 공주여!

종달새

하늘에 종다리 우짖으면
그때엔 나를 생각하라, 사랑이여
노을의 빛보래처럼 찬란히
그의 노래는 그지없이 비껴가리라
어디까지나 영원을 노래 흔들며
나래치는 내 노래의 정精인가 싶으니!

조춘서곡早春序曲*

내일.
신의 이름 같은 나무 밑에서
초록의 여신들은 봄을 배여,
온 누리에 무지개를 깔아 놓으리라

풀잎들은
옛날과 다름없이
영원한 기쁨으로
부활의 첫장을 외우고 있으리라

다소곳 호르 흐르는 강변에
누이처럼 바람은 와서
저만치 해를 띄워 놓고
따스한 고향의 말을 속삭이리라

---

* 「조춘서곡」은 《경기공론》(1963. 2. 20.)에 실린 시이다.

나는, 그 바람이 거니는
오솔길을 따라,

오늘.
불안과 초조와 곤패를 잊으니,
옛님처럼 바라보는
봄의 아침이 청아롭다

지금은 이른 봄 –
어느 누군가에 포옹이라도 당한 듯이
소녀의 그림자가
녹은 땅, 물방에
담백한 연정을 오색지어 부서진다

구름 아래, 아침의 메아리를
들로, 시내로 울어, 울리며,
새들은 황금의 빛발을 날개 삼아,

하늘의 푸름을 길어 오자고,
불의 입김을 꽃에 담아 두자고,
내 마음과 함께 그지없이 나래쳐 간다.

오월의 서곡

정녕 하늘이 그늘졌음인가!
산 들 물결 푸름이 든[適]듯이
바람결 나래쳐 우짖는 나의 종다리
아 ― 네 소원이 하늘에 닿을 듯이
세상에 온갖 것 저렇게 푸르렀어라
오월이여 나의 사랑이여

만첩의 꽃구름 간간에 흔드는 우리 종소리
너와의 밀어密語 요요히 감도는
화하花河 유현幽玄에의 길!
나의 아씨여 새벽처럼 오라

우리는 새의 가슴으로
연연 세월의 향연에 초대받을
영원한 '노래의 정精'!
머언 날의 푸르른 꽃꿈을 피우기 위하여
너와 나는 하염없이 쓰러져 가리니 ―

어서 오라 나의 애인 로진露振이여

울렁이는 상화想華의 가슴

하늘에 닿을 듯이 새벽이 드리운

수밀도빛 너의 침실로

바다에 쏟아지는 빗줄기처럼

나는 달려가리라

물레방아

호박꽃이 만발하였다
순이도 피어서
방아찧이 3년
열아홉의 꿈을 더듬었건만,
삼복수재三伏水災에 올해도 혼기를 놓쳤다
물레방아는 자꾸만
'순이의 바보!'를 되풀이면서
돌우물에 투신投身한다

화조연花鳥宴

산에, 들에, 첩첩이 꽃구름
오색 현란한 화촉을 밝힌다

새[鳥] — 신랑
꽃[花] — 신부
나비는 청첩장……

요요한 내음, 연연한 밀어……
공기도 무르취한다

저 – 화조花鳥 좋을시고
♫♫ ♫♫ ♫♫♫♫
지 – 화자 좋을시고

대관령

빛나는 동해, 빛나는 시내, 빛나는 전야田野
그 위에 대관령은 하늘을 업고 있다.
새벽 잔월殘月이 동이 밝기 전에,
해의 애인처럼 아양떨며 사라져 간다.
구비구비, 안개는 흡사 선인仙人의 백사白紗 −
옷을 벗는 화려한 님자취에
무수한 사념은 소리 없이 무너지고
태양은 신의 미소를 지으며
바다에서 목례目禮한다

수련水蓮

열망은 차라리 누이와 같은 수련水蓮 곁에서

밤마다 사모친 별을 목메어
마침내 백조는 저렇게 노래를 잊었나 보다

구름 위, 종달새 봄을 지저귀는 은비銀飛의 여울
서로 다가와 서로 울리며 세월에 귀의하듯이
백사白紗 뇨뇨히 머언 날의 환상을 나부끼며
한량없는 백열白熱의 불꽃

백조여, 너를 위해
수정水精은 저렇게 꽃이 되어,
저만치 잎을 드리우며 석가모니의 자비처럼
잊어버린 너의 옛노래를 피는가 보다

춘효서정春曉抒情

1

가난하나 신神은 그를 보호하고
아침의 꽃보래 찬란히 무지개를 깔아,
시내치는 그윽한 향기 속에
너는 더욱 조초롭고 아름답다

그지없이 님의 노래
가슴 흔드는 동쪽 나라,
구름 위에 우짖어
쓰러지는 종달새처럼
나는 노래하리라,
이 땅에 민족의 봄이 오면!

하늘 가득히
별의 잔을 주고받으며,
영원히 너와 사는 사랑의 조국.

아 -, 언제나 그 언제까지나
나는 너의 것으로 빛나리라

2

봄들[春野]에,
지나간 봄들[諸春]의
그 내음과 우아로운 입김은 퍼져,
나래 가벼이 노을 같은 가슴으로
무리지어 오르내리는 새와 더불어
하늘에 연연戀戀 흩어지는
아 - 강남江南은 꽃 만발.

온 누리에 찬연한 꿈들이
부활에 여울진다

봄이여,
계관桂冠보다는
아름다운 육체를 달라!

춘야애장春夜哀章

　별들은 신화처럼 밤마다 내려다보곤, 새벽에 돌아
갔다.

　땅에도 봄은 와서, ─꽃은 져도 내음은 미풍에 안겨
언제나 빛과 새의 나래를 더불어 상승한다.

　그러나 단 한 번만 있을
　그 사랑의 봄마저 빼앗긴 어두운 가슴.

　이 밤, 하늘을 쳐다보며 내 노래의 모음母音은
　공간에 탄식짓는다.
　……이 지구란 인류들이 영원히
　기어오를 수 없는 숙명의 나락인가!

2 바다의 월광곡

갈매기

자취도 없이
바닷빛에 은분銀粉같이 부서지며
저렇게 무슨 애곡哀曲을 부르는가, 너는

몇 번이나 지난날의 비수悲愁에 묻혀
너의 음성을 애끓는 내 가슴에 무너지어
보람 없는 열망에 허우적거리며
이 우주에 한낱 고독에 지나지 않음을
눈물져 왔던가, 나는!

갈매기,
너는 공간에 하염없는,
나의 멀미나는 청춘의 깃발.

맨 먼저 이 광막한 새벽을 위하여
열렬히 나래쳤을 바다의 시인이여
내 노래의 정령이 되어

영원의 빛을 더불어 오라
이제야 하늘의 계시에
나는 비약하고, 초연히 살리니

만가락 하야니 여울치며 너의
그 울음 저물도록 비껴가는,
아─ 이는 스스로의 운명을
몸부림치며 연연히 울리는
하늘과 바다의 메아리!

독산禿山*의 전설

해동海東의 노을이 가기 전에!
신은 산을 비어, 해변가 그 황홀한 꽃곁에
한나절 졸고 있었습니다
봄날…….
진달래 사랑의 화염에
열을 못이겨 타버린 나무는
푸른 안개 속에 승화하였습니다

---

* '독산'은 특정한 산 이름이 아니라, 나무가 없는 민머리 같은 산을 의
미한다.

새벽

오전 5시 11분,
(영겁의 역사가 시작된 것이다)
태양신의 탄생!
……시인에게
하늘과 바다는, 너의 조언助言을 부여하라
한 줄기 빛이 바다에 백화百花를 피워 하늘에 닿을 듯이
길이 바쳐라, 장밋빛 동결된 합창을!
새벽의 해금강.

여운

꿈은 꿈결을, 꿈결은 꿈을
서로 안아 서로 꾀며 휘도는
단장斷腸의 마지막 호흡!
나의 노래는……
시들어가는 장미의 탄식이러라
파도에 쏟아지는 빗줄기러라

해수海愁

저녁노을은 하늘 감도는 불의 왈츠
달빛은 만가락 구슬짓는 동해 은銀잔디
이 영원의 갈채 속에서
나는 얼마나 멋진 낭만을 꿈꾸어 왔던가!
지금은 머언 음악처럼 귀에 울리는 회상回想의 바
다에,
　고달픈 나의 청춘은 하염없는 우수憂愁를 저물어
간다

남표애가南漂哀歌

머언 날의, 무너진 마음의 석비石碑처럼
가을날, 너의 애절한 목늘임이
바람에 적시는 옷소매에 나부껴 온다

지열地熱이여, 보다 따스하라
그대의 철없는 한 송이 수줍은 꽃이
저렇게 시들었음이 너무 서럽지 않는가

소녀여 너의 희구希求는 될 수 없는 나의 노래,
꽃에도 수심愁心 있어 가을창을 흐리우는데
너와 나는 사람인지라,
상심한 신의 모습 같은 너의 그림자를
그대로 짓밟아 갈 수는 없다

아 - 나는 이 넓은 우주에서
한갓 노래 흔드는 갈대에 지나지 않나니!
소녀여, 너를 어찌하랴,

느린 가을의 종소리는

내 가슴을 쥐어짜는 설움의 설움,

어두운 지평 망막히 저버린 여인처럼,

아– 남으로 표표히 천리길

솔베이지의 슬픈 가락을 적시며

내 오래도록 마음 구석에 너를 새겨 있나니,

너는 지금도 그윽히

나의 시심을 흔들어

하염없이 하늘거리는 한 떨기 추억의 들국화.

(작품 『회상시초回想詩抄』에서)

바다의 월광곡

십 년 전 그 가을날,
나의 팔에 안기던,
당신의 조용히 설레는
진줏빛 가슴의 물결이
저렇게 하늘과 마주 닿아서
오늘, 푸른 공간에 달을 띄워 있구려

우리 가슴의 아득한 깊이에서
울려오는 종소리의 여운처럼,
연연戀戀히 다가오는 바다살결의 내음!
나의 노래는 압도되어 가라앉는구려

쏟아지는 달빛 속에
한 떨기 백합이 던지는 꽃의 환상
바다여, 잠시 잊게 하여라
세상의 설움, 가난과 불안을!
비록 인생은 배처럼 흔들리어도

네게서 미美와 영원을 보았나니!

달은, 정녕 그날의 당신이
나를 향하여 첫 길을 걸어오듯
조심스레, 저토록
동결된 정열을 불태우는구려

달 같은 노래를 띄워
노래와 같은 빛을 휘어잡고,
여보! 날개는 없어도
하늘에 오를 수 있구려.

나는 바다로 가야겠다
– 에리자에의 별리사別離詞

가을날, 휩쓰는 모진 바람에
식은 열회熱灰, 우리의 사랑을 풍장風葬하자

오래인 너와의 상아해안.
휘모는 비수悲愁는 묻혀, 하염없는 눈보래 오기 전에
느린 비오론의 목메임, ……지금은
머언 생의 마지막 항구에 눈물짓자

석비石碑처럼 식어버린 너의 가을, 너의 육체
떠도는 낙엽은 바람에 목을 놓아
우민優悶에 젖은 회상을 빗뿌리며 흩어지리라

끝내 믿을 수 없는 영세永世의 침실을 남기고
타다 남은 애욕의 꿈결에 이제야 불을 질러
에리자 일어지는 지평地平으로
견딜 수 없는 작별의 눈물, 비가悲歌에 날리자

이미 깊은 심연으로 불려간 우리의 절망,

부서진 사랑의 나래를 퍼득이며

회복할 수 없는 옛날을 차라리

지옥의 겨울로 날리자

(구시첩舊詩帖 '열광시대熱狂時代'에서)

꿈속의 동해東海

어서 노를 젓자. 닻을 감아라
머물러 오랜 내 마음의 배여
물새 우짖는 봄날 섬섬을 구비감아
이 몸 가벼운 구름같이 놓여지리라
끊임없는 바다의 푸른 갈채 속에서
달무리를 부수며 주고받는 뱃노래
안벽에 부딪쳐, 메아리지어 울릴지니
해변 바람 연연 불 지른 진달래
내음 우리는 꽃구름 밑에
옛날의 추억들은 다시 와서
순이와 놀던 그 요람에 흔들리우리
어서 가야겠네 그 언제면
두만강수에 내 칼을 씻을
머언 날의 영광과 더불어.
꿈속에 적시는 아 – 동해의 노을
밤낮으로 어디로 헤매이나
고향의 누이처럼 간절한 나의 바다

바람에 묻어오는 그의 노래에
귀 기울이며 언제나 사모쳐 그리노라

전설

지금은
바다에 몸을 까란치는 태양의 휴식.

별들이
눈을 비비며
하늘에 호사한 밤을 연다

파르나소스 산중山中엔
아폴론의 열렬한 애욕愛慾이
하룻밤 오월의 정염情炎을 다하여
……다시금 먼동이 튼다

3 영곡

갈잎의 노래

어디선가 아련히 부서지는
옥적玉笛의 여운 같은 속삭임이
나의 귓전을 스쳐 온다
공허에 시달린 내 시심은
끝내 그것을 듣지 못하였다
바람에 한들거리는 갈잎엔
이슬이 고여 있었다

우의곡羽衣曲
– 꿈속의 헤렌에게

고요 어린 이 망막한 꿈속에
뭇별을 수놓으며 고달픈 나래 위에
너는 내 곁에 사는 그이처럼 밤마다
달금한 수심에 젖는다

음전히 비껴가는 그윽한 곡조에
흔들려 서로 스쳐 마주 대여 흐느끼는
오뇌의 찬란한 비오론의 가락!
내 열熱에 못이겨 설레는 가슴
주저 없이 배암처럼 휘여 감는다

마침내 힘없이 아양떨다 어지러워
넋 잃어 듣는 푸른 말샘!
가슴과 가슴 다그쳐 승화하는
이 순시瞬時의 하염없는 허망이여

나를 새벽전에 물러가라고 어서 가라고
서러워 쓰러지는 꿈속의 님자취!

백자부白磁賦

흰나비, 풀밭에 깔아 놓은 꽃가루인가
옥피리에 흔들려 만가락 감도는 달빛인가

변조자재變調自在로운 형과 색과 문양……
혼연히 동결된 신운神韻이여!

고요, 스스로 수은水銀처럼
무심히 수놓은
능라의 흰 비단결,
어느 소박한 그녀의 살결인가

이리도 조초로운, 이리로 청순한 빛깔
머언 날의, 유현幽玄의 정령精靈을 대한 듯
온정단아溫情端雅의 청화백자青華白磁여

……흰 수련水蓮이기도 하오
……흰 국화이기도 하오

배꽃 같은 그 아결雅潔

백합 같은 그 우아……

아- 백학白鶴의 울음처럼 아련히

마음에 무늬져, 흐느껴 오는 영원의 애수!

겨레의 마음씨, 저렇이 다듬어

고요 속에 움직이듯 어리이오

한결같은 온화와 결백과

겸양과 평화와……

아- 비길 바 없는

백白의 협주곡이여

신라서장新羅序章

햇발을 녹이듯이 꽃머리에
이슬을 우린 봄날.
무지개를 깔아 놓은 서라벌에 서자
하늘엔 뭇새 우짖는 은비銀飛의 물결,
땅에는 만첩의 흩어지는 꽃보래,
아련히 떠오르는 석가여래의 손이여
꽃의 호흡이 연연戀戀 이루었을
저 - 젖빛구름에 옛날의 슬기로운
님들의 이름을 더듬어, 천년의 영예는
그대로 한량없는 신라의 하늘빛.
누이여, 가신 누이여, 수련水蓮을 따며
가슴마다 사모친 화랑의 노래를
낙동강수에 띄워, 가까이 바람은
노을 같은 그 속삭임을 전해다오!
천지에 감도는 범종 소리에, 머언 동해는
파도쳐 외우리라
뭇별은 흡사 동결凍結된 불경의 지내침인가

내 흔연欣然히 시공을 넘어 지새는
계림의 그윽한 밤.
……영원의 신라

신라비가新羅悲歌
　– 최후의 신라삽곡揷曲 · 2

포석정 달을 띄워 꽃밑에 놀던
찬란한 영화의 꿈 지금 어디뇨
설어라 에밀레는 마의태자의
나라 잃은 원한을 울었음인가

서라벌 눈물겨운 밤은 깊어서
이별의 그림자는 안압지수雁鴨池水에
부르고 불리우는 애절한 가슴
비창悲愴은 살을 갈아 개골산皆骨山인가

덧없이 그지없이 슬픈 운명에
산초山草를 끼니 삼아 태자 가는 길
단발령 바라보며 목놓아 부른
궁녀노래 바람에 들려오누나

진달래꽃

—"진뽑! ……달례禮는, 달禮는
　　인젠 눈물마저 말라 버렸습니다"
—"달禮! 너와 나는 죽기로서 맺어진 몸,
　　죽음도 우릴 갈라버릴 수는 없나니……"

뽑과 달禮의 하염없는 그림자는 망막하게도
저무는 호반湖畔에 사라졌다

—"나의 뽑, 차라리
　　그대와 꽃이 되었던들……"
—"아– 해와 달이 끝내 만날 수 없듯이,
　　우리는 이처럼 헤어져야만 하는가!"

목을 늘여, 부르고 불리우는
메아리는 요요히
메아리쳐 스쳐 갈 뿐……

처절하게도 마지막 사연을 꽃피우기 위하여
안개 낀 호반엔
팝과 달禮의 몸이 죽은
혼의 노래가 애틋이
봄바람에 비껴온다

머언 후일, 우리 애수의 꽃이 피어,
노을만치 저렇게 산을 물들이고 있음인가!

꽃이여,
진달래꽃이여……

영곡靈曲*

1

망막하게도 사라지듯이,

메아리, 여울지듯이……

이리도 가슴에 비끼는 그 소리

아 - 나의 영靈이여

가까이, 머얼리, 아쉬운 듯 쉴새없이,

울려가고, 울려오고, 은은히 또한 요요히……

어디로? 누구에게?

……정녕 나는 모르노라

희열과 공허와 회의와 비창悲愴과……

민연泯然히 스쳐 울리는

유현幽玄의 피안에서,

---

* 「영곡」은 《자유문학시단》(1958. 5.)에 실린 시이다.

머언 고향의 비수悲愁에 저무는 빗소리처럼

고독한 나의 목소리여
고독한 나의 목소리여

2
나는 듣노라
머언 조상들이 처음 굽어본 바닷가
첩첩한 물결의 절망을 더듬으면서
그 찬란한 노을, 끝끝내 휘어잡을 수 없는
비통한 숙명의 노래를,
이제야말로 나의 심이心耳는 듣노라

몇 번이나 하늘에 닿을 듯이
고고孤高의 가슴은
힘 잃어 쓰러지는 팽이처럼
스스로 도취하여 오뇌하는 화려한 현훈眩暈

멈출 수 없는 나의 노래는,
죽어가는 백조의 설움에 겨운
마지막 노래와도 같이
'몽현夢現'의 한복판, 아- 그 꿈의 제단으로
영영 사라져 가는가

초조하게도 흐느껴 오는
마지막 여영餘映을 흔드는 가슴의 비오론,
죽음보다도 두려운 노래의 샘이 마르기 전에!

영혼에 이리도 온순히 따르는
육체와 더불어
바람처럼 재빨리,
나의 영은 일어서리라…….

빛이여, ……노래여
돌연한 신의 출현처럼

내 마음의 만유萬有를 지배하는 그 슬기로움!
너의 영겁의 불을 지르며
하염없는 아– 나의 영은,
순수히 이 우주에 귀의한다

해바라기

황금의 꽃쟁반에는,
반 고흐의 무수한 귀들이,
해바라기 "불의 정精"이 되어
무수한 태양의 불꽃으로 귀의한다.
일체의 생명들이 존재를 의식하는,
이 장엄한 백열白熱의 축제를
이글거리는 불의 노래는 여울치고 있다.

오후의 리리크

오후! 조곡吊曲은 그쳤더라
끝내 바람에 스처질 노래 있어라
머언 여울의 쉬임없는 조음潮音 소리 그칠 새 없이!
이는 가슴지쳐 저무는 느린 종鐘 속에
마구 젖어 푸름 듣는 수적水滴의 여음餘音일레라

사라沙羅! 해준 정담情談은 우짖는
청연靑燕 하늘 내치는 나래 위에
가벼운 구름보다 그저 안기우듯 오너라
목을 늘여 녹음 미치다 못해
우리가 남길 비오론의 마지막 가락처럼
은銀샷대 사르랑 물빛이 움키는
순시의 바람, 정녕 죽어질
이 한 푸름이 그립지 않는가

사라! 우의羽衣 미어지듯 너는 뛰어오누나!
서슴없이 바람 놓아 빨리 달려가자

금빛질 너와의 화관花冠 꿈이 짙은
여름 기도 속에 힘의 나래는
보다 높이 성좌 위에 있게 하리라

이제야말로 만유의 흐름 두려움 없이
찰싹 뒹굴 무렵은 푸른 길 스사로 열려 있으리니

사라! 불길이 이끄는 심지의 흐느끼는 빛깔
고요마저 그를 음향치며 죽어가도다

사라! 친절한 세월 우거진 꿈을 알리우듯
만가락 화심花心의 여울, 떨리는 나의 입술에
바람 은근히 귀 기울여 재빨리 일어나리라
그 길로 가자 마치 없었던 것처럼

기억마저 다시 일러줄 리 없는
아득한 옛 고요를 감도는 진홍의 서정시

사라! 나의 노래 속에 영영 숨어질진저

단 하나의 가버린 벗새의 그림자마냥
소리 없이 아물거려 쓰러져 가는
머언 여울의 쉬엄없는 조음 소리 그칠 새 없이
흔든 적 없는 아— 있는 그대로의
무한의 공간으로 사라! 승화하자

전설의 메아리

　

—달례를, 사랑해 - 요?
—달례를, 사랑해 - 요!

—죽음을 넘어서?
—죽음을 넘어서!

—봄…… 가면 그만인 것을
—봄…… 가면 그만인 것을

—달례만을? - 사랑해요?
—달례만을? - 사랑해요!

—아, 그 목소리!
—아, 그 목소리!

—달례를, ……달례를, ……진정 달례만을!……

하늘이 주저앉도록 부르다간 쓰러지고
미친 듯 흐느껴 울부짖으며 비 퍼붓는 날,
마지막의 사연마저
우레 속에 영영 가로막힌
그녀의 비창한 목소리!

머언 후일, 몸이 죽은 산림山林의 정령이 되어
우리의 가슴 깊은 골짝에
그리움을 흔드는, 영원의 기도처럼
울림은 다가와 서로 안기우듯
부르면 불리우는 구원久遠의 메아리여

중추절仲秋節[*]

흰옷에 희망이 드리운 청상靑孀들은
이날 산소마다 하야니,
백화白花 이슬 구을리는 만첩의 곡소리
바람에 놓아 저문 줄 모를레라

무너진 집집마다 수심愁心은
노래되어 승화하는 추야장秋夜長.
따사로운 이 기념을 되풀이는
백성의 마음이 이 땅 금잔디에
풍년 가락을 울리게 하라

풍엽楓葉은 빗소리, 송편 내음은 달빛 보래!
예禮를 알며, 지금을 말하며, 내일을 얘기하자
달 기러기, 사연을 흐르는 이 밤 중추절.

-----

* 「중추절」은 《연합신문》(1956. 9. 20.)에 게재되었다.

그 어느 날에 너는 님 앞에
원수를 무찔러 돌아오랴!
가슴 막혀 천추千秋를 대하는
동해 머언 어머니, 기진氣盡하여
날 기다리며 이 밤 달빛을 적시리라

불처럼 오가는 마음마다 뭉쳐 울리는
우리 종소리에
가신 전야戰野의 님, 달빛에 목을 늘일
꿈의 고향!
겨레는 경건히 진혼鎭魂의 사연을 머리 숙여
지새도록 그의 곡哭을 멈추지는 못하리라
아- 이 밤은 정녕 추석이란 명월明月의 밤일레라

4 애수

애수哀愁

머언 날의 눈물겨운 한마디 사연을 위하여
솔바람이여, 너와 함께 나눌
푸른 애수에 흔들리며
바야흐로 풀잎들은 여름을 불러
저리도 청청하다

　―그날, 죽음의 나락에 휩쓸리며
곡성哭聲은 산하를 흔들어 피보래치는 겨레의 아
비규환!
　솔바람이여,
　저 처절히 하늘 아래 진동하는
　유월의 불꽃 속에서
　무너지는 비운의 흙을 부여잡고
　번뇌의 나는 언젠가 신생新生하였다

　……에미를 부르며, 그 얼굴을 더듬으면서
　미친 듯이 살려고 허우적대며 쓰러졌다

신을 부르며, 목숨 다하도록 기도하고
구원을 부르짖었다

절망에서 일어서는, 최후의 목메임에
마침내 길을 인도하여준 것은,
단 한 사람 꿈속의 연인이었다
피 바쳐 빼앗은 우리의 자유처럼,
슬기롭고 따스한 그의 영상—
그때처럼 연인의 존재가
신처럼 존엄한 적은 없었다

겨레의 애사哀史 속에 피는 한 떨기 꽃의 환상!
나의 사랑은 죽음보다 굳세었다
……불멸이었다
아— 지금은 머언 그 사람이여

마음을……*

가는 날을, 늦가을 노을의 찬란함에 빌며
밀려모인 낙엽 밑에 30년의 마음을 묻어 놓았다.

그 어느 겨울밤, 눈보라 속에 마음은 몰려와서
창을 두드리며 울고 있었다.
—내 육체 이외엔 휴식할 곳이 없다는 듯이,
—극광極光의 그늘을 헤매이다 쓰러진 이의
망령과도 같이

---

* 「마음을……」은 시인이 30세이던 1955년경 발표된 것으로 추정된다.

비창悲愴

단 하나의 보람마저 마침내 쓰러졌는가
끝이야 있고 없고,
이 망막한 단애斷涯에서……
나는 죽기로서 너를 부르노라
이대로는 죽어갈 수 없는 너의 이름을!
불러도 가이없노라, 어둠이 가리우노라
모두 끝이 나려는가!
너를 부르며, 흩어져 부서지는 나의 목소리!
……이젠 회복할 수 없는 심연에 감돌아,
민연泯然히 사라지는 머언 메아리!

망향

꽃들은 저렇게 나비를 기다리다가
나비의 춤을 추면서, 떨어져 갔다

종다리 여울짓는 울음은
하늘에 사모친 고향의 노래,
목메어 필 흘리며 사라졌다
저녁노을은 종다리 노래의 무덤!

나래 미어지게 나뭇가지에 스미는
매미의 울음은, 머언 영겁에의 흐름.
죽어간 것과 죽어갈 벌레와의 처절히
부르고 불리우는 찬바람 속에
하염없는 그의 넋이들이 모여 흐느껴 운다

나의 노래는 고독한 겨울 나그네,
지쳐버린 우수와 초조를 눈보라에 묻혀선
새하얀 처녀지에 잠든다

⋯⋯죽음 같은 마음속의
머언 빙하여!

돌

고독한 군자君子처럼,
안개 속에 주저앉은 돌. 돌.
스스로의 운명을 체념할 수 없어
20억 년 전 그날의 회상이
소나기 퍼붓는 날,
번개친다
하늘에 오르려는 한 떨기 불꽃의 의지.
마침내는 돌이 되어 태어난
목숨의 몸부림치는 통곡,
천지天地의 한복판.
무너지는 벼락소리 –

만도晩禱

마리아!
가슴에 무늬지어 오는
당신의 노을같이 아련한 모습
순시나마 마음 달려, 노래 부를
그 안정과 휴식을 주시옵소서

몇 번이나 지향志向 잃어 상처 지닌 바람결
이처럼 희구希求에 몸부림치는 육체를 더불어
항시 당신에의 바람[願]은
별들이 나직이 시내치는 하늘의 '로고스'!
지금 나의 심이心耳는 고달파, 지쳤노라
싼타 마리아!

밤마다 사뿐 구슬짓는 달禮(례)의 꿈결로
그윽히 감도는 밀어의 은銀보래!
나의 소녀여,
이 무한의 공간에서 나의 잃은 것은,

나무에서 자라고 머얼리
푸른 상념을 아로새기며
떠도는 낙엽에 지나지 않는다

마리아!……
언제나 당신에게 바치올
나의 노래를 그 합장合掌에 움켜주시와
영세를 계시한 절대의 위치로,
아득한 '베들레헴', 빛발쳐 해를 솟아올린
새벽의 찬가처럼 이 소원을
나날의 노을빛으로 채색하여 주십시오

구원의 모상母像
– 생사조차 알 수 없는 어머니에게

1. 까치집

따스한 노을의 감촉에 흔들리는
포푸라 나뭇가지에 까치들이 모여 산다
바야흐로 밤이 열리는 까치집 – 그것은
어머니의 사상처럼 그립다
(어린 날, 저무는 뒷골목에서
나는 굴러가는 단풍잎처럼
에미 품으로 달려갔었다……)
신이 하늘에 별의 등불을 밝히면,
머얼리 어머니의 젖빛시내가 흐른다

2. 달에게

달이여, 동양의 달이여,
사랑에 스스로 빛나는 '노래의 어머니'여
가난한 이리도 메마른
어머니의 꿈속에,
나와 만나는 날의 희망을 비쳐다오

선녀와 같은 신화를 보내다오
달이여, 달이여!

3. 어머니의……

시내에는
어머니의 변함없는 사랑의 말씀이
나의 자장가가 되어 물결치고 있다
산에는
수심에 싸여, 어머니의 주름진
이마의 비가들이 저렇게 동결되어,
날 부르며 지쳐서, 주저앉고 있다
하늘에는
아   그 침묵의 푸른 예지!
어머니의 자애의 눈빛이
언제까지나 나를 지키고 있디

4. 망향

－"어머니!……"

－"애－, 부디 몸조심해라, 응!"

기적이 울린다……. 그것은 영영 내 심중의 말을
가로막아 버렸다. 비정하게도

'안녕히'라는 말조차 남기지 못한 채,

열차는 남으로 소리 없이 미끈다

십여 년 전, 봄날 고향의 역두

어머니!…… 어머니 어머니

어머－니

(중인아－)

어－머－니－

(중－인아－)

엄－마

어엄마－

어엄마아－

……아－ 그리운 모상이여, 모상이여!

제야除夜의 종

은은히, 느리게,
그 소리, 온 누리에 퍼질듯이
연연히 하늘에 닿아, 바다에 굽이치듯이
오 — 천지天地의 한복판
제야의 종아, 울어 울어라!

그토록 답답하고 치열한 밤을 목놓아
그토록 맺힌 설움 가슴 쥐어짜는
내 영혼의 애끓는 몸부림처럼
세월의 아가씨여, 너의 마지막 명인嗚咽을
내 시심詩心에 빗겨 그지없이 울려라

온갖 초조와 절망과 비관과……, 이들은
모두 너와 함께 떠나는
정다운 영원의 길손!
이 밤이 가기 전에, 너와 나의
마지막 작별을 위하여 영애永愛야,

「비창悲愴」의 곡을 들려다오!

나는 사람인지라,
세월을 어쩔 수 없는
이 순간의 하염없는 허망……
때묻은 나의 흘러가는 사랑이여
가고 오지 않는 별의 이름처럼
내 가슴에 길이 새기리라

(1963년. ……. 울고,
 전진하고, 허우적거리고…….)

또다시 들려온다. 가까이, 머얼리,
안기우듯 다가오며, 민연히 부서져 헤어지는
심연의 메아리처럼
저리도 절절히 목을 늘이며
나의 심중에 여울져 온다!

그지없이 다함이 없이,
오- 울려라, 제야의 종아, 이대로는
갈 수 없어 정녕 돌처럼 기다리던
우리의 목마른 사연을 꽃피우기 위하여,
비정한 채귀償鬼처럼 휩쓰는
무수한 위협들을 몰아내기 위하여,
여명의 기수를 맞아 울어 울려라, 오-
너의 뜻, 너의 외침, 나의 열망이여!

몇 번이나, 공허한 내 가슴 복판에,
불안과 허무는 눈보라처럼 휩쓸었던가!
설움에 겨워, 멀미나는 나의 고달픈 울음을
이제야 나의 귀는 듣고 있다
오- 나의 종소리!
훤히 동이 트면
새해 님 앞에 서서,
너의 양심의 괴로움을 해의 앞에 쬐우라!

그것은 너의 자아를 보다 크게 하리니

오 – 한 해의 종언을 고하며
못을 박는 저 소리! 저 소리!
아낌없이 울려라, 제야의 종아.
세월은 막을 수 없나니, 너두야 잘 가거라

리나里那

리나里那. 우리는 지금 저 – 죽기로서 쫓아오는 도깨비의 공포처럼 처절한 운명 속에 가로놓여 있다!

리나. 너의 부암루의 물결 이는 노랫가락은 영영 불속에 사라졌다.

너의 대동강수는 언제 다할 수 없는 것처럼 그 속 깊이 너의 비가悲歌가 다할 수 없는 흙의 애소哀訴를 굽이치고 있다.

리나. 두만강은 아직도 동포들의 슬픈 자욱을 흘리우며, 그 슬픔이 가시기 전에 머언 이전 날, 제2의 너를 건너야만 하였다.

리나, 낙동에 네 이름을 적시던 나의 애련哀戀의 노래는 아직도 칠백 리를 망령처럼 떠돌고 있나 부다.

리나. 사자수水엔 백제 최후의 달빛이 저렇게 오열의 옛노래를 바람에 흔들고 있나 부다.

리나. 너의 강변에서 굽어보는 우리의 거룩한 사육신의 석비에 마음과 마음이 주고받는 기념의 꽃들을 꽂아 두자!

결빙 풀리는 삼월의 꽃가슴에, 불을 지르는 애비와 에미의 마음을 다듬어 한강수에 삼각산을 띄워 두자!

리나. 너의 강물들은 비극에 소리 없이 흐르고, 너의 젊음이 내 애절한 노래 속에 피의 눈물을 흘리고 있다.

리나. 너는 왜 말이 없느냐!

2

리나. 초연硝煙이 잦어, 전쟁에 해진 흙내 자욱이,

어느새 진달래, 개나리, 복숭아꽃들이 계절의 예절을, 만발 속에 갖추고 있다.

리나. 너의 어머니는 일본제국의 위력에도 굴함이 없이 민국의 자장가 속에 너를 키워 왔더라.
리나. 네 오라비는 붉은 난리에 경건한 돌이 되고 저 영영 탄환과 함께 사라졌다.

리나. 내일이면 오월의 라일락이 네 젖빛구름 아래에 내음 감돌 게다
울 밑에 봉선화가 피면, 나는 너와 더불어 소녀처럼 눈물짓자!

리나. 모란처럼 뜨겁던 너의 가슴, 지금은 네 손마저 이슬처럼 차가웁구나! 들국화가 피면 너의 오랜 가을하늘에 백설같은 순결이 견딜 수 없는 울분에 끝내 눈보라치며 목을 늘이겠구나!

리나. 너는 네 가슴의 고동 속에 늙은 에미의 다듬이 소리를 듣느냐? 봄비처럼 축축이 젖은 땅속에 불의 지축地軸을 흔들던 성난 대열隊列이 오곡을 무르익게 하리라. 나는 그 전진하는 아우성을 간간이 듣고 있다.

리나. 옷이 남루한 것이 부끄러울 게 있나! 그대로 가자 빛은 동방에서!……, 이는 여명을 부를 우리들의 찬란한 꿈이어니.

리나! 비극의 처녀, 나의 애인아! 세월을 저주 말라! 그들은 친절하리라.

3

리나. 달이 뜬다. 촛불을 끄고, 달무리를 맞으며 우리 별을 헤아리자!

동양의 달은 우리 오랜 역사의 거울이다! 남산의 솔바람은 옛애인들의 휘파람 소리, 리나 너는 듣느냐!

리나. 꽃의 정精처럼, 이 영원의 순간에 서서, 신이 부여한 절대의 사랑을 꽃피우자. 권력보다 억센 하늘의 뜻을 받들어, 동방 진주의 네 가슴을 활짝 열어라. 그리하여 어지러운 나의 도정道程에 찬란한 순간을 휘어잡게 하라!

리나. 우리는 이미 십 년 전에 우리의 기적을 믿어왔었다. 우리는 차마 이대로 인류 역사의 희생이 될 수는 없다. 우리는 우주와 함께 불멸하리라!

리나. 그것을 믿자. 그러기에 용감히 일어서자!

4.

리나. 너는 나의 슬픈 애인!

리나. 가난하고 밥이 될 수 없는 나의 노래와 더불어 세기의 내리막길에서 청초한 꽃의 섭리를 배우자! 리나. 네 에미의 보석보다 빛나는 그 지혜와 절조로서 미래의 금빛질 씨를 뿌리자! 리나. 머얼리서 재빨리 동이 트여오나 부다.

리나. 너와 나는 날이 새면 또 떠나야 할 구름이다. 이미 뉘우칠 수 없는 운명의 언덕에서, 슬픔에 멍든 가슴에 기록할 노래의 비명碑銘은 어진 자손들의 존엄한 거울이 되리라!

그러면 리나. 우리의 슬픈 노래들은 내일 희망에 채색될 '세계에의 초대장'으로써 마련되리라.

리나! 너는 비극의 처녀, 그리고 나의 애인이다!

코스모스

언젠가 너와의 그 저녁은
서쪽 하늘에
우리의 회상回想을 불사르고 있다

너와 마지막으로 걷던 언덕에는
어쩌면 너의 모습 같은 코스모스가
하야니, 엽서葉書 조각처럼
공간空間에 피어 있다

오늘, 나뭇잎들은
아무렇지도 않다
우리들의 어린 시절이,
헤아릴 수 없는 그 기쁨들이
이처럼 변함이 없다는 듯……
그러나 내일은 낙하落下의 찬바람!

언젠가 너와의 그 저녁을 피어 있는,

이 정든 가을의 꽃곁에 서면
아아, 너로 말미암아 그토록 헤매이던
불쌍한 나의 마음을 보여준다

······십년十年을 덧없이,
돌아오지 않는 강물처럼
너와의 메아리는 어디로 갔느냐?
사모쳐 하늘에 치솟던
이내 노래의 샘도 말라,
지금은 꿈마저 영영 사라져 간다
언젠가 너와의 그 저녁을 남겨둔 채······

5 밀어초

꿈
– 어느 초상肖像에

그 오련한 웃음 속에
무지개와 같은 신화의
아침노을이 피어 옵니다

뭇별은 동결凍結된 당신에의 밀어密語!
울렁이는 가슴은
하늘에 치솟는 분수처럼
당신에게 그지없이 지향합니다

그 예지叡智, 그 우아, 그 서정……
당신의 눈결은 이슬 젖은 하늘에
머언 음악의 푸른 샘입니다

촛불에 비추인 설화석고雪花石膏처럼
아련히 슈미–즈에 하늘대는 젖가슴
나의 영원한 생명의 서장序章입니다

내 음은 하염없이, 당신의 머리에
떠돌아 흔드는 애욕의 선율!
내 관능의 비오론에 빗겨
한량없는 일락逸樂의 바람이 감돕니다

마침내 달을 껴안아 하늘에 오르듯
강물에 뛰어드는 이태백의 환상처럼
나는 당신의 웃음이 피워 놓은
그 수밀도水蜜桃빛 노을 속에 쓰러져 갑니다.

……그것은 꿈이였었습니다

오월의 밀어密語

―"지쳤나요?"
―"아 - 뇨."

나직하게 바람결 나의羅衣 스치는 소리처럼
마지막 꽃들의 호사한 지향志向은
황혼을 채색하면서
우리를 덮습니다

오르내리는 비둘기들의
하이얀 윤무輪舞는, 은행나무 위에
휘날리는 오월의 초대장.
―그것은 이전 날 당신에의 사연을
몇 번이고 오뇌하면서 찢어버린
편지 조각처럼, 머언 회상을 시내칩니다

밋치듯 꽃정精들이 어울려 소곤거리는
숲속은 바야흐로 오월이 반주伴奏하는

푸르른 음악의 동결!
바람이 인도하는 만유萬有의 혼가婚歌에 귀 기울
여, 아득한
'올림프스'의 제신諸神들은 몸부림치나 봅니다

――그것은 당신에의 한결같은
나의 꿈의 전부입니다

――"뉘우치나요?"
――"아 - 뇨!"

언젠가 가슴마다 찬란히 이어 나누울
옛가락을 이 순시에 무늬지어 노래함은,
――그것은 무지개의 꿈 첩첩 구슬짓는
신라의 영예榮譽, 월하月下 피리 흔드는
청자靑磁빛 고구려의 영화榮華입니다.

당신에의 열망熱望, 당신에의 기도祈禱,

당신에의 녹사綠詞, 달무리를 감돌며

별이 밤을 여는 언덕 위,

나는 님 곁에 죽음처럼 쓰러져 갑니다

아― 밀어密語의 종착역.

대화

"종다리 하늘에 혼가婚歌 흔드는 계절이 오면, 그
언제나 너의 곁에 나의 나날은 승화昇華하리라"

"그대와 이름 아로새긴 기념의
   은행나무 머얼리, 푸르른 시절은 님처럼 와서,
   그 뜨거운 노래의 호흡!⋯⋯ 나의 가슴은 정녕 열
熱에 못이겨 하염없노라"

"달 아래 노를 저어, 너와 나는 신이 붓는 만천滿天
별의 축배를 들자! 한강은 우리의 자장가⋯⋯ 너는
좋으니?"

"지금은 즐겁게도 그대와 청순한 입술을 맞대어,
기쁨이 한량없는
   세월의 피앙세! 그대여,
   강물처럼 울렁이는 나의 사연을 듣는가?"

"오뇌와 애욕의 삿대, 물결을 때리면서!……"

"회상과 유현幽玄의 꿈결, 노래를 더듬으면서……"

"아 – 종다리 하늘에 혼가婚歌 흔들며
연연戀戀 노을지는 꽃밑에 숨어 누워,
영원의 메아리처럼
그 언제나 너만을 위한
사랑의 노래를 울리리라, 나의 사랑…… 꽃의 정精
이여!"

"지금은 현란한 우리의 꽃시절……
구름에 나래치는 종다리처럼
한결같이 님 따라,
내 죽어도 뉘우침 없노라"

(작품집 『밀어초密語抄』에서)

밀어초*

1. 서시

꽃보래 연연 나의 님 오월이 오면
우짖는 종달새 나래 위에
만천 별이 시내치는 하늘에 안겨
지금도 백파白波 귀에 속삭이며
그지없는 님의 노래 가슴 흔드는
동방 영원의 나라!
아 – 언제나 언제까지나
나는 너의 것으로 빛나리라

2. 화정花精처럼

흘러가는 강물 위에
그림자로 따라온 행복을 띄웁시다그려

화정처럼 이 순간의 찬란한 보람 속에

---

* 「밀어초」는 시 끝에 '작품 307번'이라고 붙인 것으로 보아 307번째 발
표 시라는 것을 의미하는 것으로 추정된다.

정념 몸마저 승화하는 불의 입김!
님의 노래는 꽃피는 시절의 기념 삼아
리본에 아름 엮어서 바람에 전해우리다

……여보! 저렇게 모조리 가슴 놓아
하늘에 오르는 청자의 빛샘,
당신을 지향하는 나의 사연은
구름처럼 하염없구려!

흐르는 세월이사 잊혀질 비명碑銘,
물위에 부서지는 달빛에
은銀빛진 밀어 사르랑 띄워 놓고
이 밤 지새도록 아주 흘러갑니다ㄱ려

3. 대화對話

—"샘처럼 드맑은 순결을 위하여는……"
—"별처럼 빛나는 순미純美를 위하여는……"

연연한 말샘 한량없이
하늘엔 메아리지어 흐르는
종달새, ……우리 종소리.

—"진정 그대의 소원 그 무엇이랴?"
—"끝없기에 다만 죽음이어니!"
—"그 죽음을 원함은 또한 무엇이랴?"
—"이리도 거역키 어려운
그대의 사랑이 있음이어라!"
—"애인이여, 느티나무에 새겨 둘
님의 소원 그 무엇이랴?"
—"그는 세상에 온갖 것을 초월하여,
사랑은 정녕 죽음보다 굳세어라고!"

하늘엔 젖빛구름, 오월五月의 빛보래!

(작품 307번)

화하花河
– "밀어"의 장 작품 4번

푸름에 눌려 거역하듯 휘날리며
저렇게 노을빛은 흘러갑니다
그 어느 날 님과의 화하 곁에서!

천년 말없이 남겨둔 그 숱한 밀어들을
우리들은 6월의 정精처럼 가지마다
우거지게 다시 피워 올립시다

아득한 비궁祕宮의 오수의 수련곡曲을 듣는
사라공주의 지친 가슴의 무늬처럼
꿈이 무르녹아 물든 그 빛깔을 노래에 더듬어
구슬처럼 황홀히 동결된 내음의 꽃무늬 –
그 이느 날 님의 애절한 노래였었습니다

난 하나의 오랜 마람이
육체와 더불어 죽어갈 나날을 앞서
하늘처럼 푸르이 넘쳤을 별들의 수평水平으로

승화하는 기쁨을 날리며 날리며
꽃과 구름을 닮아갈 기적을 믿어봅시다

끝끝내 세월이 보내줄 이별조차 서러우면
어느 전설의 푸른 계곡에 마음 달리며
몇 번인가 시내쳤을 화하의 물―소리를
월하에 맺은 님과 나의 마지막 비명 삼아
우리 꽃처럼 바람처럼 아주 흘러갑시다

추억

머언 하늘로 지향한 벗새처럼 날아갔다가

그 자욱한 화하花河, 종鍾 속에 건너 건너
구름 같은 밀어를 더듬으면서……

정녕 너와 나는 하염없는 바람결에
어디론지 가버린 꽃잎인가 싶으니!

밀어密語
– 제17장

꽃잎마다 꿈꾸듯이
저렇게 노을빛은 흘러갑니다
그 어느 날 님과의 화하花河 곁에서!
십 년 다소곳 님 위해 남겨둔 그 숱한 밀어들을,
우리는 '여름의 정精'처럼, 가지마다
우거지게 다시 피워 놓읍시다

아득한 그때 그날 비궁秘宮의,
연못가 그토록 오랜 사연을 수련水蓮에 소곤거리는
사라沙羅 공주의 지쳐진 가슴처럼,
꿈이 무르녹아 물든
그 빛깔을 우려서
마침내 황홀한 구슬처럼 동결된 노래의 꽃무늬 –
그 어느 날, 꿈에서 본 님의 노래였습니다.

단 하나의 오랜 소원이
언젠가 덧없는 육체와 더불어 죽어갈 나날을 앞서,

하늘처럼 푸르이 넘쳤을 별들의 수평水平으로
승화하는 기쁨을 날리면, 헤렌!
꽃과 구름을 닮아갈 기적을 믿어봅시다

끝내 세월이 갈라놓을 이별이 서러우면
헤렌! 저 전설의 푸른 유곡幽谷에 달리며
이 시내치는 화하花河의 물소리를
월하月下에 죽어갈 너와 나의 비명碑銘 삼아
꽃처럼 바람결에 아조 흘러갑시다

밀어密語
- 33번三十三番

새벽하늘에 해를 띄우듯이,
바닷가 새벽 앞에 서 있듯이,
당신을 향하여 그지없는 사연에
꽃이 마구 지듯이,
이처럼 떨리는 나의 입술입니다

별처럼 흐르는 목숨에
신神의 조언助言을 비옵는
나의 고백은 비오듯이,
당신으로 말미암아 하염없습니다.

이대론 어쩔 수 없는 소원을,
보람이야 있고 없고,
스스로 황홀하여선, 마음 가장 안에서
당신을 호흡하고 있습니다

당신의 눈 안의,

그 깊푸른 심연으로
나의 노래들은 메아리져,
그 구원久遠의 모습에
아련히 스며가는 내 탄식의 '피아닛시모'

제3밀어第三密語

하늘 굽이쳐 흐르는 성좌星座와 더불어
아득히 전해온 비밀의 문이 열려 있습니다

마구 휘드러지게 번지어선
사르랑 무늬짓는 보랏빛 속에
일제히 나래치는 새벽의 음시音詩들이
가락마다 재빨리 임 곁에 찰싹입니다

그리운 화정花精들이 어울려 소곤거리는
계절의 눈부신 혼가婚歌에
이윽고 고고孤高의 노래를
저 - 비둘기들의 하이얀 윤무輪舞에 적시곤 합니다
이는 천년 금사錦紗에 새겨
동해 북소리 지친 신라의 영예!
이는 염염炎炎 작열灼熱에 채색한
청자靑磁 꿈이 짙은 고구려의 영화!

우거진 지혜수知慧樹 푸른 원주圓柱에 얽혀
피고질 월계月桂들의 고향으로
진정 마음 편히 죽어갈 노래의 무덤인가 싶습니다

언제나 그 옥좌玉座에 구가歌 흔들어
기旗폭 들이인 구원久遠의 시비詩碑 −
아 − 보다 사랑하기 위하여
한결같이 그 속에 동결凍結하여 갑니다

부인婦人이여, 그것은······

부인이여
나에게 들려준 그 말 한마디는
꿀벌이 나래쳐 분주한,
포도빛 즐거운 계절이였었습니다

부인이여
모진 세월이 남김없이
모조리 휩쓸어 갈지라도
그것만은 내 가슴 가장 깊이
조초로운 한 포기의
꽃처럼 피어 있습니다

부인이여
나는 그렇게 따스한 말을
일찍이 들은 적이 없습니다
그것은 머언 비오론의
그윽한 울림처럼 연연戀戀이 다가와선,

하염없이 비껴갑니다

그것은 신이 우리에게 보내는
영원의 샘이며, 진실의 별입니다
부인이여
당신의 눈빛을 딴 곳에 옮길 수 없듯이
그것은 내 마음 이외의 다른 곳에는
움켜 놓을 수가 없습니다

부인이여
머얼리서 당신을 그릴 때마다
그것은 언제나 내 심중心中으로
불꽃같은 생명의 노래로 울려오고
고요한 밤이 되어 스며옵니다

아— 그 말 한마디에!
내 노래의 전부는 융합하고,

나의 현실은 흔연히 비약하여
나의 생애는 그것으로 끝날 것입니다

미완성
– 소곡집小曲集 마지막 "밀어"의 장에서

새벽이 오듯이, 바다에 새벽이 오듯이
들리지 않는 만유의 아득한 사연을
보랏빛 속에 부서지는 마음 흔들며
이처럼 나의 입술은 떨리며 부릅니다

별처럼 흐르는 목숨에
신의 조언을 비옵는
나의 고백은 비오듯이, 비오듯이
당신으로 말미암아 문을 두드립니다

여름내 바다의 음성을 담아다간
님 항구에 바람일 듯이, 바람일 듯이
한번은 무지개를 휘어잡은 마음의 나래를 접으며
머얼리 여수旅愁의 깃폭을 날리는 인생입니다

이대로는 갈 수 없는 소원을
합장合掌은 마침내 희열에 지쳐

스스로 한량없는 비약에 황홀하여선
마음 가장 안에서 당신을 호흡하고 있습니다

나의 오후는 빛속의 민엽에 내음 감돌아
그 눈매의 심연으로 연연한 노래들은
종소리에 사라지듯이,
그 구원久遠의 자세는 나비의 꿈을 동결하였습니
다

6 산곡집

유랑流浪*

흘러간다는 것은 유랑하는 것이다
방랑한다는 것은 흘러가는 것이다
물이여, 그렇지 않는가
물이여, 그렇지 않는가

---

* 「유랑」은 1957년 12월에 발표된 시이다.

낙엽*

내 가슴에 나비처럼
낙엽이 안기운다……
1957년 만추의 상장喪章.

---

* 6장의 「낙엽」과 9장의 「낙엽」은 제목은 같지만 다른 시이다.

저녁노을

마침내 종말을 고하는가 나의 청춘이여
서산에, 서산마루엔 저녁노을.
아 - 피로 물들인 나의 유체流涕!

그늘

나무,
빛과
어둠.

입맞추는
오뉘의 침묵.

봄바람

머언 날의 꽃길을
진줏빛 가슴으로 사랑에게 가듯이
죽어가는 나날에 앞서
누이의 음전한 숨결이 되어
고향의 그리운 말이 되리라

머언 날의 기념비

영원히, 영원을 원하며 영영 쓰러지리라
무너지는 벌판에 한 송이 꽃을 피우기 위하여
이 무한無限에 흩어진 기념의 노래를 전하라
바람이여, 오 인류의 사연을 대신하여

메아리

메아리 - 그것은
천맥天脈과 지맥地脈의 가슴 울렁이는 정精들이
서로 그리워 몸부림치며 부르는
영원의 합창입니까?
나와 그이의 열열한 사랑의 비원悲願이
연연히 닿아선, 하염없이 사라져 가는
울음의 기도입니까?

거리距離

우리들은 공간의 정복자,
시간은 우리들의 하녀!
그러나 거리距離만은 여전히 어쩔 수 없다

도시의 숲

도시의 한복판
국민학교 마당에서는……
뭇새의 아침을 고告하는
노을 아래 불붓는 숲이 열린다
도시의 한복판
국민학교 마당에서는……
하루종일의 위안을 조잘대며
뭇새 우짖어 밤을 여는
저녁노을이 닫힌다……
어린이의 소리 다할 때까지! 다할 때까지!

별

별이란 하늘에 꽃들을 사랑하다 죽어간
젊은 영혼들의 목메이는 제례祭禮입니까?

이 우주를 영겁에 융합하는 천사들의
비원悲願에 지새는 애상哀傷의 눈물입니까?

7 청춘무곡

1999년

– 월신月神에게

　기천년 날개 없이, 우리는 새의 가슴처럼
　하늘에 비행의 꿈을 현현顯現하여, 마침내 여기에
이르렀다.

　다이아나(월신), 영원한 이태백의 연인! 동양의 시
인들은 그대 그늘에서 얼마나 즐거운 회상을 노래하
며, 꿈꾸어 왔던가! 오 – 너의 빛발이 흔드는 만가락
꽃떨기의 환상.

　달이여, 가난한 우리의 뭇꿈을, 밤마다 이리도 현
란한 신화로 얽어 줌이니, 내일, 만엽萬葉이 우거질
기념의 계수나무 줄기에 내 경건히 그에의 비시碑詩
를 새기리라.

　"여기, 그의 마음 비친 중천中天의 애인 –
　다이아나의 품속에 시인은 잠드나니
　길손이여,

이백의 노래의 무덤을 사랑하라"

－제신諸神은……－
제신은 사랑을 알지만,

우리처럼 정사情死는 모른다.

금립시인金笠詩人

은행잎에 가을노래를 새겨 물에 띄우면
바람결 금빛진 벼들이 머리 숙여 절을 한다
풍우風雨에 시달린 삿갓을 홀로 어루만지며
그만 홍소哄笑를 금禁할 길 없다
시인의 인생은 금강 일만이천봉
그러나 먼저 가는 구름 아래 눈을 감으면
뱃속의 꿀룩 소리 단장斷腸의 곡曲을 흔든다

여름노래

수련水蓮 연연戀戀, 여름이 오면,
나는 노래하리라, 이 땅에 여름이 오면
하늘 아래 우짖어 나래친 종달새처럼
만천滿天 별이 시내치는 하늘 아래
하늘 가득히 별의 잔을
지금도 동해東海의 백파白波 귀에 속삭이며
그지없는 님의 노래 가슴 흔드는
너와 사는 동방 영원의 나라
나 – 언제나 언제까지나
나는 너의 것으로 빛나리라

헌사獻詞

우지 말라, 여하如何한 신산辛酸에도
초연히 서라, 그리하여
어디까지 인내하며 전진하며 창조하라
이것이야말로 우리들의 영겁불멸의 자본!

타고르여

진리의 이름으로 몇 번이나
나는 그 신의神意의 음성을 적신다
목숨 어린 가장 노래의 신성한 위치에서
이제야말로 뛰어나갈
그 가락을 휘어잡고,
암흑을 뚫고서 재빨리 울부짖어 고한다
타고르여
그 슬기로운 의지의 노래를,
……오-"빛은 동방에서"라고!

동방東方 시詩의 나라 민국民國이여*

해마다 철바람 꽃보래치면
노을 무늬지어 으르대는 바닷가
오르나리는 노고지리 날개 위에
만천滿天 별이 시내치는 저기—
지금도 백파白波 산산이 흩어져
늬 오—랜 노래 가슴 흔드는
동방 천년의 나라, 아— 나는
언제나 너의 것이었노라
사랑하는 민국이여

새벽금강金剛 사이 흘러
하늘은 만가락 고드름!
이윽고 우아優雅 염어 신비 자욱한 선녀仙女
곡曲을 더듬고 동해 노을감아
서西으로 나래치라

---

* 「동방 시의 나라 민국이여」는 1951년 잡지 《희망》 창간호에 실렸다.

나의 굽이치는 '은주銀珠의 노래' 그 듣[福]프른
한강수 늬 향긋한 젖가슴에
항시 바쳐 오랜 무지개의 꿈
첩첩이 무르녹아 하늘땅 서로 맞대여 청자빛이 도
는 늬 복판에
원시 피워진 서라벌 그 오롯한
화관花冠을 얽어 늬 여름을 무늬짓도다
오 - 배달 이슬 젖은 태고의 젖가슴
동트는 보랏빛 늬 첫날부터
'하나님이 보우하사'
동방 시詩의 나라 민국이여!

초록언덕 너머로 달 띄워
꿈을 접은 젖빛구름 늬 수의壽衣로
만가락 별을 뿌려 동해에 파도치는 -
가난하면서 다사론 이 겨레 손을 마주 잡고
가슴마다 길이 불려질 어머니의 고향

거기 늬 아늑한 하늘의 무지개
네게로 돌아갈 나의 묘비로 세워
그 언제나 늬를 부르며 죽어갈
노래의 무덤인가 싶으니!

신개지新開地*

이는 신이 붓는 청자빛 하늘의 축배!
뭇별이 울렁이는 여음餘音 푸름 흔드는
동방 바다의 진주! 노래 흐르는 목숨의 신개지여

만천滿天에 스미는 성좌星座 뇨뇨히 안기어 쓰러지듯
우의羽衣 그윽한 곡조는 울렁이는 은銀시내 안개 너머로
백조의 꿈은 우짖어 적시는 노래의 정精인가 -

오! 유원悠遠의 보랏빛 문을 여는
세월의 제화祭火여
여울처럼 퍼붓는 민국民國 마음의 화염이여
가슴 그지없는 푸른 우리들의 조언助言이 되라

하늘의 오색진 리본 기旗폭들의 윤무輪舞에

---

* 「신개지」는 《개척》지에 실렸다.

눌리어 뭉친 부활의 노래는 파도치도다
태초의 이슬진 우리 하늘 우리 땅 이리도 첩첩이
상아象牙 해안으로 노래의 기는 펄렁거려라

금수 새로 이룬 민주공화의 나라!
희열은 광영과 손잡은 송영頌榮의 언덕가
목을 늘여 울리는 종鍾 속에 구비치며
지평地平 가슴 맞대인 별들의
눈부신 협주곡이여!

진희眞姬는 풀피리 가락 속에
영애永愛는 노래의 다발 아름 엮을
새해의 기념! 열열한 어린애 가슴처럼
화하花河의 강강술래에 민국의 마음을 적셔라

오! 인생은 기쁠세라 어서 오렴
우리의 아씨! 우리의 예명明이여!

이 아침 성화聖火 길이 울려진 은銀잔디에
꿈속의 신개지는 저리도 푸르러라

비정非情의 강江

흐르는 강물에 그림자를 띄우며
속절없이 내 영혼에서 떠나는,
고독한 청춘을 위하여……

나의 젊음이 한결같이 그리던
머언 그이의 소리 없이 부르는
비수悲愁의 노래처럼
강물은 흘러가는가

앞뒤로 흩어지는 나뭇잎들이
그지없이 흔드는 오뇌의 비오론!
아— 위유慰愈할 수 없는
가을날 내 마음의 흐느낌이여,

어두운, 불안의 여로를
전송의 불빛처럼
하늘에는

언제까지나 별이 따라온다.

십 년을 바쳐 얽은 꿈,
강이여
이제 풀길 없는 시름悔恨은
"무지개의 시집"을 흘려보낸다.

진실로 아름다운 것은
강물이여, 너처럼
흘러가서 돌아오지 않는가,
흘려보낸 노래와도 같이
세상의 온갖 것
모두 고요한 절망에 쓰러져 가는가!

（「가을노래」 작품 19번）

밤의 노래

어머니의 젖빛 같은 밤[栗]을 까면서
우리는 나란히 들길을 거닌다
저녁노을 복판에 영설의 얼굴이
저무는 사양斜陽을 가린다

버들피리 꺾어 불던 시절이 그리워서
나는 홀로 옛노래 휘파람에 분다
이윽고 단풍 내음이 짙은
누님의 기인 편지를 읽는다

"쟁반 위에 송편 내음 아직도
국화처럼 조초롭다"고
미얼리 답장을 엮는다

……별 하나 등燈 하나 나 하나
벗들의 얼굴이 급수級數처럼
만천滿天에 스쳐선 밤을 지새인다

달빛에 흔들려 바람결은
머언 회상의 빗소리!

어머니의 젖빛 같은 밤[栗]을 까면서
나는 끝없는 상념을 더듬는다
고향의 해변에 부서지는
새하얀 물결의 박수 소리!
이 밤도 머언 곳에 마음을 달린다

청춘무곡青春舞曲

밤마다 엮어 뒹구는 꿈속에
너는 모란처럼 피어 오라

이슬진 청자青磁빛 울렁이는 나의 가슴
은하銀河를 시내쳐 천년 구슬 짓도록
목메어 부르는 꿈속의 처녀여
차라리 날도록 맞아 주렴아!

그윽한 곡조 사뿐 녹아지게
단장丹粧은 수정빛으로
생긋 웃으며, 수줍은 듯이, 두려운 듯이!

살포시 휘어, 다시 접어선, 훗내려
오련한 옷맵시 나를 감돌아
이윽고 혼좌婚座의 촛불처럼 지자

광한루 그네 위에 마주 서서

유주청하流州淸霞, 무릉도원을 아로새겨
청춘아 너와 나의 새벽으로 오르내리자

이리도 사모쳐 마음 바친 푸른 바람은
끝내 신성한 희열을 적시나니
밤마다 엮어 뒹구는 꿈속에
너는 모란처럼 피어 오라

일출동해日出東海*

꿈결의 크나큰 모란이 피어나듯이
한결같은 우리의 열망을
저렇게 아름답게 채색하면서
바다 위 찬연한 새아침은 밝아온다

그지없는 신념과 희망과 기원과……
아아 뜨겁고 빛에 넘치는
거창한 동해의 아침 빛보래여!
나날은 이 창시創始의 근원根願의 힘 속에 서자!

연연戀戀한 갈매기의 노래마다
너와 나의 가슴과 가슴에 메아리치고
영원한 조국의 입술에서
자랑스러운 조상의 연면連綿히 이어온

---

* 「일출동해」는 시인이 작고한 해인 1965년 1월 1일 신년송으로 언론
매체에 실렸다.

바다의 노래를, 회상의 선율을,
이 장엄한 아침 빛발 속에 듣고 있다

기를 올려라, 닻을 감아라
너 해양의 아들이여
기운차게 풍어의 뱃노래를 부르자!
서로 협동하며 사랑으로써
길이 지켜 가꿀, 이 넓고 푸르른
조상의 뜰로, 나날이 해와 함께
아아, 고향에 돌아가듯이 바다로 돌아가자!

일체를 정화하여 일체를 부활케 하여
햇발은 도도滔滔한 천수天水처럼
온 누리에 흘러넘친다
오랜 날의 너의 꿈 이제야
격렬한 기백의 바닷물결로 화化하여
이 해원海原에 아낌없이 비치게 하라

일찍이 조상이 바다를 열어 전진한
그 적극積極의 길을 이어
너와 나는 자손답게 일어서서
배달 희망의 밧줄을 당기자

아아 지금은 동천홍東天紅!
용사여, 폭풍우와 맞서는 철鐵의 신경神經으로
해원을 누비며 힘차게 전진하라

그칠 줄 모르는 우렁찬 바다의 갈채!
지금 너와 나는 경건히 듣고 있다
기를 올려라, 닻을 감아라
언제나 어디까지나 서로 협동하여
이 풍요의 보고를 개발할진저!

아아, 고향에 돌아가듯이 바다로 돌아가자!

8 귀거래사*

---

* "귀거래사"의 시들은 1958년 11월 27일 발행된 『조국』에 실린 작품들이다.

귀거래사歸去來辭

죽음보다 두려운 노래의 샘이 마르기 전에
어서 나는 돌아가야겠다
항시 계절마다 마련된 인생의 제전으로
젖빛구름 나래 위에 풀피리 하늘 채울 때,
오막살이 바람 스치는 밭고랑 괭이로 가꾸어
청자靑磁빛 아련히 저무는 전원으로 달리면
조상들의 흥겨운 풍년가락 들려오리

하늘 가득히 가을의 저녁을 열어
갈잎 흔드는 바람의 나직한 목메임,
이는 나의 노래의 전부일지니
씨를 뿌려 가꾸며 거둬들이는 우리의 나날,
너와 나는 별을 헤아리며,
별처럼 위치하고 이슬진 하늘에 다가오는
새벽의 보랏빛 그리움!

어스름 등화燈火, 심지어 철철 감도는 화정火精에,

아사달 왕검의 꿈 슬기로운 머언 낙원의 유원悠遠에 이윽고
고구려의 영예와 서라벌의 영화, 다시
백제의 우아, 바람에 찰싹이는 이야기마다
밤을 새워 듣고 읽는 기쁨 그지없으리니!

아 심원心願의 나라, 마음 바쳐 뉘우침 없나니
땀과 열과 피를 흘릴 수 있는 전원으로
헐벗은 가슴, 나날의 새벽이 채색하는
그 노을 같은 꿈속에
마음 산산이 흩어지기 전에
어서 나는 돌아가야겠다

죽음보다 두려운 노래의 샘이 마르기 전에!

달에게

　달은 우리들, 향수의 거울
　달은 아시아 사상의 꽃이다
달이여, 동양의 달이여,
사랑에 스스로 빛나는
"노래의 어머니"여!
(어린 날, 저무는 뒷골목에서 나는 너를 쳐다보면서
굴러가는 단풍잎처럼 에미 품을 달려갔었다……)

가난한, 이리도 메마른
머언 어머니의 꿈속에,
나와 만나는
그날의 희망을 비춰다오.
선녀와 같은 신화를 보내다오.
오! 달이여…… 달이여!

고향

망막하게도 아득히 저무는 고향엔, 고향에,
낙엽처럼 떠도는 순이의 노래가 있다
낡은 집, 흙담은 기울어지고
시내엔 고독을 적시는 어머니의 빨랫소리
느티나무 그늘에 세월은 흘러가고……
언덕에 하늘거리는 한 포기의 코스모스,
가을의 애수를 피워, 서운한 表標로 나를 기다리는가
그 천진天眞한 벗들은
지금 어데 가고, 나무들은 무성하리니,
머물러 오랜 나의 녹슨 추억을
눈물로 더듬는 노래나마 바람이여 머얼리 불려보
내라
망막하게도 아득히 저무는 고향엔, 고향엔,
가신 누님의 슬픔 그지없는 '비오론'이 울려온다

창경원

바람 푸르이 빗질하여 늘어진 버들가지
흡사 꽃 같은 궁녀의 머리카락처럼 휘날린다
홀로 난간에 기대면, 어디선가 비파가락

은근히 들려오듯, 옛님의
사르르 스쳐 가는 치맛자락……
지금, 백화百花 피듯 색시들의 현란한 옷맵시,
얼굴을 붉히며 꽃구름에 숨바꼭질!

이윽고 벚꽃 빈분히 봄빛이 떨어진다
창경원 비좁이 아 - 만춘晚春의 꽃보래!
시인은 후련히 깨어, 그를 밟음이 두려워
어스름 달빛을 밟고 남몰래 돌아오다

경회루

그 옛날 꽃잎에 놀든
봄날에, 경회루
지금 그지없는

회상回想을, 서리[霜]놓아
가을의 달밤은 비치이는가

서울의 밤은 깊어서……
구슬 구울리는 옛님의 노래
달빛을 부시며 요요히 들릴 듯이
바람 표연히 풀잎 흔들며

호수湖水, 무늬지어 하염없노라

탑塔

일찍이 천의天衣처럼 내 가슴에 어리이던
유현幽玄의 선녀처럼, 달밤에
아련히 떠오르는 그 모습,
……"빠고다"여!

너의 '침묵'에서 나는 겨레의 경건을 감득感得하고
너의 '인내'에서 부처의 길을 배움하고
너의 '동결凍結의 선율'에서 나는 불같은 정열의
노래를 움켰다.
여하한 폭풍에도 시달림 없이
너를 새겨 올린 그이의 가슴처럼
기연히 초극超克하여 섰는 오 – 그 슬기로움!
별이 지는 날,
머언 바람결에 묻어오는 노래 있어 –
피로 꽃을 이룬 3월의 그날이 소용돌이친다.
그때, 나의 눈물은 감격의 빛이 되어 승화한다.
시신詩神이여, 바라노니 나의 노래로

저와 같이 동결되어

이 땅 위에 구원의 탑이 되게 하옵소서

9 나무와 시인*

* 이 장에 실린 시들은 공중인 시인이 직접 스크랩한 것으로, 이미 각종 매체에 발표된 바 있다. 다른 장에도 스크랩한 작품들이 실려 있지만 여기 위치한 시들은 시인에게 특별한 의미가 있었던 것으로 보인다.

새벽전前(산문시散文詩)

　어느 공간이 스스로 그렇게 원한 것처럼 세월이 또 흘러 천년 애원哀願한 것처럼 지쳐진 허虛의 지점을 이룩한 에메랄드빛 느린 폐허의 황혼으로 같은 말과 같은 얼과 같은 피를 나눈 형제가 나눌 수 없는 상혼傷魂을 지니며 단短장에 의지하여 고독을 몰아 걸어가고 있다

　그는 그 치열한 전진戰塵의 어느 날 포화와 참호와 사死의 전우와 처참한 산하山河의 곡哭소리 서로 얽혀 우뢰처럼 빗겨 가는 성좌星座들이 놀라 흘러간 허허 밤빛 속에서 기도에 어린 어머니의 뜨거운 눈물을 그리며 지새도록 이슬 젖어 왔으리라

　이른 봄눈 녹는 소리 소리마다 봄이 움트는 앞강물 애잔한 초가草家에서 조양照陽을 거느려 흐르는 시냇가 버들잎처럼 날리우는 오누이를 생각하며 가슴을 여위며 쪼개진 구름처럼 몽환夢幻을 바람에 적

시고 있으리라

걸음마다에 더듬는 상혼傷魂은 아- 이 우주에서
한갓 사람에 지나지 않는 숙명을 한탄하면서 그는
끝내 비약할 수는 없나 보다

마음이 마음을 어루만져 정녕 고독하다는 말이 설
움에 겨워 입밖으로 스쳐질 수 없는 안개 어린 눈물
의 고갈을 위유慰愈하며 또 외로이 저어가며 황혼으
로 고독을 몰아 그는 마치 운명을 초극한 성자처럼
조용히 천천히 걸어만 간다

그의 앞길을 만유萬有에 스미는 스사로의 황홀처
럼 기원에 적시는 나는 나를 돌아다 보며 돌처럼 서
있었다 아- 나는 영영 그를 잠시나마 멈추어 같은
말과 같은 피와 같은 조국의 마음을 주고받을 인정
을 베풀 수 없는 무위無爲를 뉘우친다

머언 그 어느 날 그의 전화戰火에 휘몰아친 열렬한 투혼은 가고오지 않는 탄환처럼 스스로 바친 피의 의지를 가다듬어 조국의 새벽에 맞설 광영에 눈물지으리라 아무도 막을 수 없는 아무도 두려움 없는 그의 정열은 용감하게 바르게 인간처럼 일어서리라

자욱도 남겨두지 않은 채 와사시 바람에 날리며 어느 공간이 하나의 허의 지점을 위치한 그 거리에서 아− 신이여 이 부드럽고 흔들 수 없는 당신의 정성을 다시 한번 그의 날을 수없는 상혼傷魂과 청춘 위에 언제까지나 그 언제까지나 어루만져 주옵소서!

소년시절

은행나무 그늘에
꽃 같은 나비들을 천대하면서

콩살개는 여름 한나절
우리의 즐거운 소찬!

과수원에 숨어다니며
에미 품에 돌아와선
매만 맞았었다.

……지금은 꿈만이 어루만져줄 뿐!

해야 솟아라*

하늘 흔드는 피의 곡을 멈추어
열熱도에 목 늘이는 노래의 불을 졌고
어서 해야 솟아라
팔도해 불붙는 비창悲愴을 넘어
막다른 밑바닥에 정녕 움이 트도록
너 해야 어서 솟아라
천년 너를 목메어 시달린 내 앞으로
예언의 기수여 질풍처럼 오라!
끝내 희생될 부활의 만발을 더불어
나래칠 진홍의 세례를 적시며 적시며
해야 기어코 솟아오라
두메 어두운 집신소리 마구 휘몰아
폐허 굽이치는 신음을 떠밀어
추억과 미래 서로 그리워 달 띄워줄
그 빛발아 어서 솟아라

---

* 「해야 솟아라」는 《연합신문》 1월 1일 자에 실린 시이다. 1950년대로
추정된다.

아사달 꿈이 어린 시의 나라
동방 바다의 빛줄을 퍼부어
영세의 징소리 다그치도록
해야 솟아라!
해야 솟아라!

거리에 내리는 비

거리에 비오듯이
내 가슴에 눈물의 비는 오는가
어찌하여 이러한 슬픔이
내 가슴속에 스며 있었던가?

아- 땅 위에도 지붕 위에도
그지없이 내리는 고운 빗소리여
이는 애달픈 내 마음을 위하여
내려붓는 비의 노래인가!

견딜 수 없이 울적한 이 내 마음
까닭없이 눈물의 비는 오는가
조금도 거역함이 없건만
이 설움은 바이없어라

어찌하여 내 가슴 이처럼 아픈가
사랑도 미움도 아니련만

묻기조차 바이없는 이 슬픔은
슬픔의 슬픔이여라

8월제*

쪽빛진 바다 원시原始 무르녹아
노을진 너와 나의 울렁이는 랑데부!

하늘의 푸른 왈츠 나래쳐 울려올 8월의 심포니 –
오 – 천년의 밀어 젖빛진 달禮(례)의 눈부신 결혼식!

비둘기 떼지어 날을 초대장
이윽고 오색진 설계設計의 보랏빛 퇴적堆積이여

달禮야 목마른 늬 입술 나에게 부딪쳐라!
제祭는 끝난가 보다 편히 쉬게 돌아가렴!

한 방울 포도주처럼 이 송영의 제전에
도취하여 쓰러지는 환희의 빛보래!

_____

* 「8월제」는 시인이 26살이던 1951년 작으로, 작가 스스로 밝힌 바 있
  듯 이는 시인이 미래의 신부에게 헌정하는 시이다.

길이 솟아라 영원의 파르테농 –

– 내 가슴 불멸의 여운

오 – 8월의 무지개여!

종다리*
– 사랑하는 약혼자 C에게

저 푸름 저 거리 저 서정 예대로 열라!
오월 종다리, 목놓아 젖빛구름 흔들자
청맥靑麥은 아득한 날,
피에 젖은 너의 고향.

나래 미어지게 노래의 불을 적시며
천부天賦의 바람처럼 찬란히 쓰러져 가리라
재빠르게도 순간이 열어준 유현幽玄의 길을 향하여
이제야말로 새벽을 뒹구는 천성天性의 바다처럼
나의 생애는 재현再現하고 승화하리니!

저리도 머언 하늘 아래 그 언제나
신주의 가슴 아늑히 달려온 나의 아씨여!
내 심혈을 기울인 너에의 보랏빛 밀어는,

---

* 「종다리」는 사랑하는 약혼자 C에게 헌정하는 작품임을 시인은 밝히
고 있다.

상록常綠의 정精들이 신화를 더듬는
여름의 계관桂冠!

이는 빛이 동결된 시인의 무지개이려니,
이 무한의 자세 앞에서
어디까지 경건히 신종信從하는 나의 아씨여,
종다리 우짖어 쏟는 푸른 혼가婚歌 울리며,
너와 나의 인생의 희열길이 나풀거리게 하라
내 영원의 목숨의 노래다발,
빛의 향연을!

나무와 시인

너는 그 체념과 –
나는 그 동경憧憬과 –

너는 우주의 태양과,
나는 인간의 사랑과,

너에겐 낙하落下가 있듯이
나에겐 망각이 있다

나무여, 그나마 있는가, 없는가?
아 – 나처럼 영원을 생각하는 마음이!

어머니의 손

한 떨기의 꽃을 피우기 위하여
저렇게 메마른 땅밑의 신음을 알라
들릴락 말락 사라지는 종소리의 여운처럼
어둠속을 허우적이며
찾아 만지는
탄식의 어머니의 손!

낙엽

가을날
비오론의
느린 목메임
애달피 몸에 스며
그지없이 내 가슴 아파라

때의 종소리에
가슴은 막혀
창백한 이 내 낯빛
지나간 옛날은
눈앞에 떠돌아
덧없이 눈물짓노라

아― 나는 그 모진 바람에 불리어
여기에 저기에
하염없이 흩어져
떠도는 낙엽인가 싶어라

하늘은 지붕 위에

하늘은 지붕 위에
저리도 푸르르고 저리도 고요하다
나무는 지붕 위에
그 푸른 잎을 나부끼고 있다

사원의 종은 우러러보는 높은 하늘에
보드럽게 울린다
새는 우러러보는 높은 나뭇가지 위에
슬프게 운다

신이여 조용하고 소박한 인생은
저곳에 있습니다
저 평화스런 빗길의 소리는
거리에서 옵니다

10 종다리 바람*

---

* 이 장의 작품들은 육필인고로, 발표된 매체들을 확인할 수 없어 미발표된 시들로 추정할 수 있지만, 상당수가 원고지에 잘 정리되어 있기에 발표되었을 가능성이 보다 클 것 같다. 「백두천지송」과 「동방의 등촉」은 나라가 해방된 1945년, 시인이 20살 때에 쓴 것으로 추정된다. 「조용히, 조용히, 썩두 조용히」, 「눈물」, 「눈」, 「너를 위한 나의 노래」는 공중인 시인의 육필원고 가운데 제목이 없는 시들인데 발표되지 않은 미완성의 시들로 추정되며, 시인의 아들 공명재가 시 내용에 맞추어 새로이 제목을 달았다. 이 중 「조용히, 조용히, 썩도 조용히」는 《월간조선》 2020년 8월호에 '무제'로 게재된 바 있다.

종다리 바람

1.

때의 종소리,
밝은 미래를 고告하며
너와 나는 은행나무 아래,
푸른 향기를 나눠 마신다
기쁜 생각, 앞을 다투어
우리 가슴에 샘 솟고,
그지없이, 다함이 없이
천지天地를 시내치는
불火의 음악인가,
지금, 어머니인 '영원의 뜰'엔
아 – 종다리 바람!

2.

목이 타는 종다리는
불타는 몸채로 단숨에
저 – 하늘을 적시고 싶어

구름 위 쏜살같이
나래쳐 기어오른다
그 하늘이 비치는 우물 속에
리나里那는 두레박으로
이 순간을 움켜서
물동이에 꿈 같은
종다리의 노래를 길어 온다

애욕愛慾

사라져 가는 음악의 여운처럼
자욱히 떠돌아 감도는
그대의 향수와 분粉 내음,
그대의 어깨에는
봄날의 물결과 같은
애욕愛慾의 흐느낌이 나부끼도다

나의 영혼을 뒤흔드는
구원의 미소
마술처럼 장미꽃이 피고
동양의 진주眞珠가 반짝이노라

'마야' 부인처럼
그대는 거울 앞에!
아, 수줍음 속의 아름다움이여

사향麝香의 내음

방 안 가득히
이 밤, 지난날의 쓰러진
정열이 부활하노라

언제나 새로운 과실果實처럼
내 마음에 옥좌玉座하는
영원의 신부新婦처럼
내 품에 요요히 안기렴!

연연戀戀한 너와의 밀어密語는
저 달무리 부서지는
동해東海의 은銀잔디와도 같노라

밤이면 밤마다
자욱히 떠도는 네 육체의 내음,
그대의 어깨에는
봄날의 물결과 같은

애욕의 흐느낌이 나부끼노라

어쩔 수 없는 희열은
네가 채워주는 그 밤을 위하여
나는 바다에 쏟아지는
한 방울 빗줄기처럼
네게로 달려가리라

환상곡

한 떨기 꽃의 환상을 위하여,
저토록 노래 흔드는 불[火]의 음악!
……바람이 인다, 이윽고 천지天地를 시내쳐
퍼져오는 이 돌연한 여울!
나의 노래는 압도된다.

절절하게, 내 마음의 귀는
너의 노래 속에 듣고 있다
하늘 가득히 무늬져 오는
머언 세상의 종소리를.

바다와 같은 나의 욕망,
인제는 돌처럼 묵묵默默하다.
꽃이여, 천년의 고요조차
이 순간이 어지러워
너도 흩어지는가?

또다시 하늘 끝 연연戀戀히 불어오는,
푸르른 사모의 이 뜨거운 입김……

마침내 나는,
이름할 수 없는 것을 흐느껴 운다
황홀한 극치!

……나는, 내가 아니라,
언젠가 너였었다.

아아, 종다리 바람!

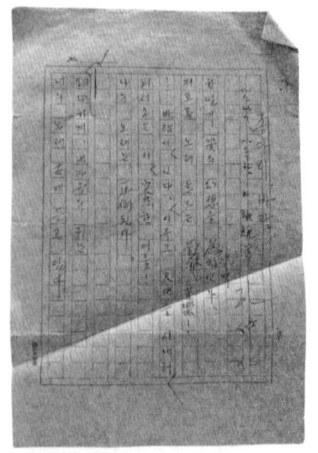
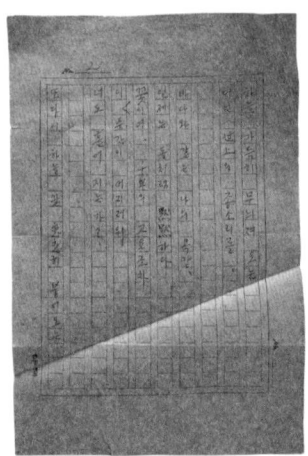

"종다리 바람" 육필원고 1, 2, 3

이 땅에 봄은 와서

앞 뜨락에 봄은 와서,
저렇게 봄은 와서,
나래쳐 오르내리며
무리지어 지저귀는 우리 종다리!
아— 너는 하늘에
연연히 흩어지는
머언 꽃보래여라!

온 누리에 찬연한 꿈들이
부활에 소용돌이치는
이 좋은 날에, 이 좋은 날에
대지의 아들딸은 씨를 뿌린다

종다리는
하늘의 푸름을 길어 오고
너와 나는
맑고 높은 뜻을 가슴에 —

하늘과 땅은
온통 노래가 되어 넘친다

찬란히 시내치는 별처럼
올해도 나의 봄은 와서
애인의 입김처럼 따스히
이 땅에 나의 봄은 와서 –
무지개를 깔아 놓으리라

머얼리 희미하게
내 젊은 날의 추억을 더듬어서
지금 고요한 마을의 시냇가
어스름 달빛을 부서뜨리며
바람결 옛날의 피리소리는 묻어온다

기쁨이야 있고 없고
슬픔이야 크건 작건

버들잎이여, 지금은 봄이기에
너처럼 마구 흔들리고 싶구나
종소리여, 지금은 봄이기에
너처럼 마구 울려 퍼지고 싶구나

봄은 그지없는 님의 노래,
가슴 흔드는 우리들의 포옹!
봄은 우리들의 뜨거운, 뜨거운 악수!

아 - 언제나 언제까지나
나는 너의 것으로 빛나리라

백두천지송白頭天池頌

옛 신화에 전해온
불사조의 백학白鶴인 듯
백두산 찬연히 밝아오는
조요한 아침의 나라여
길이 받들어 마음 바친 겨레
하늘과 함께 다함이 없어라

아득한 날,
여기 창조의 샘은 맑아
하늘 열리어, 한 핏줄
연면히 이어온 겨레
꿈은 미래에 시내쳐
동방 불멸의 무지개!
민족의 성지는
영원히 쓰러짐이 없어라

그 준엄한 그 슬기로운

정기를 타고
겨레마다 천지를 비추는
하늘과 같은 그 눈빛
생명의 노래는
노을빛 꿈을 하늘에 불태운다
아아 전진하는 자유민에게
신의 영원한 축복 있으라

동방의 등촉燈燭

조국이여
너의 해방! 너의 부활로
나의 생활은
또다시 시작하였노라
조국이여, 대한이여,
너의 불멸하는 그 노래의
불을 피워 올리기 위하여
나는 세상에 태어나
너의 미래를 찬가한다
영광 있으라!
영원한 내 생명의 어머니여
더 밝고 더 빛나라
아아 동방의 등촉이여
찬란히, 더 밝고, 더 빛나라

슬픈 제신諸神에의 노래

– K에게

너를 첫사랑 하였을 때,
세상은 봄이었다.
죽도록 껴안아 노래하던 인생은
여름이었다.
어제는 저무는 가을의
낙엽 같은 살림살이.
너에의 꿈에서 깨어났을 때
바깥은 겨울이었다.

소묘素描
– P에게

1. 눈

새하얀 처녀지에
검은 장미꽃이 피어 있는
오로라의 신화입니다
예나, 이제나, 그 언제나
나의 생애를 비춰주는 당신의 눈.
그지없이 노래의 샘이 시내치는
저렇게 구원久遠한 나의 하늘!

2. 입술

비 갠 아침,
과수원에 가득한 능금의 내음.
……마지막 청춘의 오뇌에
불을 질러 승화시키는
황홀한 애욕의 무덤입니다

3. 귀

축제의 전날 밤,
숱한 밀어들이
소용돌이치며, 노을진 나의 호수.
오늘도 조심스레 언약한
당신에의 푸른 말들이 연연戀戀히 무늬져선
그 아득한 동굴 속에
고요한 음악이 되어 퍼져갑니다.

4. 머리

예절을 잃은 나의 손이 이처럼
올렁이는 가슴을 참을 수 없나 봅니다.
이 화려한 어지러움에
무르취한 밤의 노래들……

레몬의 자욱한 내음이 감도는
사랑의 묵시록입니다.

조용히, 조용히, 썩도 조용히

I
이 밤 나는, 너에게 바치기 위해,
저 – 들뜬 장쾌한 바람과, 또한 저 – 찬연한 태양
太陽의
    그 황금黃金빛과 비단 속에 적셔온 기쁨을 가져다
준다.
    풀속을 걸어왔으므로, 나의 발은 청신하다
    꽃숲을 스쳐왔으므로 나의 손은 감미하다
    축제에 꽃피는 대지와, 그 영원의 힘 앞에,
    눈시울은 뜨거워 눈물 재빨리 생기어, 솟아선, 철철
    넘치어짐을 느끼므로
    나의 눈은 청명하다

    공간은 그 율동하는 빛의 팔[腕]에,
    취하고, 열熱하고, 목놓아 울고 싶은 나를 앗아갔다
    그리고 나는 눌리어온 외침을 내가 걷는
    발에 말하게 하고,

먼 먼 저편, 어디로 정처없이 걸어왔다
지금 여기에, 나는 뜰의 생명과 아름다움을 너에게
가져다준다
마음껏 넘치도록, 그것을 내 몸에서 흡수하렴!
오르간은 나의 손가락에 희롱하였다. 공기,
그 빛, 또한 그 향긋한 내음들이, 지금 나에게
가득하다

II
조용히, 조용히, 썩도 조용히,
그대의 팔 속에, 나의 머리를 쓰다듬어 주렴.
뜨거운 이마를, 그리고 또한 이 지쳐버린 두 눈을.
조용히, 조용히, 썩도 조용히,
내 입술 위에 키스를, 그리고 나는 듣고 싶은 것이다.
그대의 입술에서 새어날 때, 그대가 나에게 몸을
바쳐,
내가 열렬히 그대를 사랑하고 있을 때의

저 - 아침마다 보내주는 보다 즐거운 그대의 말을.
아침은 되었지만, 무겁고, 그리고 울적하다. 밤에는
싫은 꿈을 보았다.
비[雨]는 내 머리를 흩으러서 창窓을 두드린다.
지루한 구름으로, 지평地平은 어둡다.

조용히, 조용히, 썩도 조용히,
그대의 팔 속에, 나의 머리를 쓰다듬어 주렴.
뜨거운 이마를, 그리고 또한 이 지쳐버린 두 눈을.
그대야말로, 나에겐 즐거운 새벽.
그대의 손에서만, 새벽의 애무愛撫가 있고,
그대의 상냥한 말에서만, 새벽빛이 있다.
이리하여 나는 괴로움을 잊어, 뉘우침을 잊고,
나날의 일에 소생한다.
아 - 내 나날의 일, 이것이야말로 내 인생의 행로
行路 위에
표標를 아로새기고,

영광스러운 목숨의 황금의 주먹에 몸을 가다듬은
힘과 미美의 인간이 되고 싶은 의지意志를 불태우며,
나를 굳세게 살리어 주는 것이다.

눈물

내 영혼의 가장 깊은 공간으로
당신의 노래는 흘러오고, 흘러간다
그윽하고 감미로운 당신의 노랫가락이
찾아와서는 연연히 메아리진다

머언 하늘과 같은 당신의 가슴에
나의 외로운 생각은 나래쳐 간다
창망히 저무는 바다와 같은 나의 가슴에
당신의 정답고 그리운
노래를 맞아들인다

당신을 위한 밤마다의 눈물!
그림자 없는 정열의 영혼은
그지없는 숲속의 밤의 손안에서
목을 놓아 흐느껴 운다

꿈에서 본 눈물도 이것이었다.

꽃잎 위에 내린 이슬은 언제면 사라질지라도
나의 가슴으로 적시는 당신에의 눈물은
영원히 사라짐이 없으리

바람은 낙역의 환상을 흔들면서
비오론의 가락은
시월의 탄식을 전한다

아, 아는 이 없이 이대로 회색의 무덤에 묻혀갈지
라도
한결같은 그 사랑에
언제나 당신과 함께 나누리라
한 떨기의 코스모스 지듯이…… 기쁨과 죽음을!

눈

겨울의 서럽고도 즐거운
밤마다의 추억들은
느리게 희미하게
울려온 종소리에
빗기며 되살아 온다

잃은 것 없이 애절한 가슴
이 밤 잠이 깨어
나의 노래는 환희의 날개로
별들의 하늘로 기어오른다

뭇 열매를 거둬들여
피곤한 대지는 눈에 덮여 있다
신의 축복의 노래는
언제까지나 이 밤을 채우고
영원한 노래들의 음률을 위하여
새하얀 꿈의 비단을 깔아 놓는다

너를 위한 나의 노래

가까이, 머얼리
창공을 누비며

종다리는
노래의 정精인가!
저 여울져 쏟아지는
무수한 노래를, 빛의 메아리를
나는 이제야 듣고 있다

리나里那, 그것이야말로
너를 위한 나의 노래다!

20대 후반에서 30대 초반 즈음의 공중인 시인

시인의 말

동해의 정화情火*

1.

"남몰래 홀로 쓸쓸한 곳에 쓰러져 울고, 그 눈물 땅을
적시었노라"(단테)

"하늘의 뜻을 받들어
끝끝내 쓰러질 피 겨운 우짖음
영원을 영원히 부를 수 없어……
늬 노래의 무덤 구름에 의지하였나니"
(자작自作「종달새」 말장)

조국의 피어린 동란 1년의 비운 속에서 스스로 '천부
天賦의 푸른 시인'이라 자처하던 내 연륜도 어느덧 이십
육 년.

자신에게 주는 이 가슴 아픈 '종달새'의 노래 속에 점
차로 어두워가는 절망은 틀림없이 하나의 미완성에 그

---

* 공중인 시인이 26세 때 씀.

친 '은주銀珠'의 노래 그것이다.

나는 지금 덧없는 옛 시첩을 펼쳐보면서 돌아올 수 없
는 추억의 파노라마를 이 허무 속에 전개시켜본다.

이전 날, 라일락 꽃내음 우거져 무르녹는 저－남산은
우리들의 낭만의 제국이었다. 만천滿天 별이 시내치는
한국의 여름철, 우리들의 정염情炎의 불기둥은 충천沖天
하였으리라. ……그러나 순결 이외의 아무것도 거기에
개재介在할 수도 없고 또한 개재하여서는 안 되었다. 나
의 시신詩神이 그렇게 순결을 벗어날 무궤도적 랑데뷰는
받아들이지 않았다.

순결과 순결의 부딪침－ 최후의 결별도 또한 그러하
였다. 그리고 우리들은 저 영국의 계관시인 로버드 브리
지스Robert Bridges의 「유월의 노래」 속에 있었다.

"유월이 오면 그 언제나 님과 더불어
향긋한 풀속 마주 앉아
아늑한 바람 이는 하늘 드높이
눈부신 구름의 궁전 우러러보리

넌 노래 부르고, 난 노래 지어주고

따사론 풀집 숨어 누워서

그 언제나 고운 시를 읊으려니

오 - 인생은 기뻐라, 유월이 오면!"

이 이름 없는 서라벌의 한 처녀와 벌어진 동해東海의 정화情火 속에서 나는 전력을 기울여 장시 「무지개」를 탈고하였다. 나는 이 한 정신의 궁전에서 내일의 눈부신 소나타의 서곡을 함부로 꺼져버릴 수 없는 정염情炎 위에 퍼부었다. 이 눈부신 위치에서 '조국에의 노래'를 흔들어본 적도 바로 이때였었다.

오르나리는 노고지리 날개 위에

만천 별이 시내치는 저기 -

지금도 백파白波 산산이 흩어져

늬 노래 가슴 흔드는 동방의 나라, 아 - 나는 언제나

너의 것이었노라, 사랑하는 민국民國이여!

그러나 너무나 숙명적인 민족의 비운 속에서 1년 만에 만났을 때의 '은주'의 세계는 이미 머언 거리에 놓여지고야 말았다.

이십유년二十有年이란 가장 벅찬 청춘 속에서 기어코 헤쳐나갈 수밖에 없는 고뇌의 언덕을 넘어가지 않으면 안 되었다. 오직 나머지 정열로써 뚫고 나갈 새로운 단계에 다다른 젊은 오뇌를 비운과 손잡고 영영 가야지만 되겠다.

모-든 '은주銀珠의 노래'는 흘러갔다. 흘러서 돌아올 수 없는 물결처럼 그것은 이미 회복할 수 없었다. 허전한 이 사랑의 궁전에서 나는 어디까지 철없는 '목동의 노래'를 되풀이할 기력조차 없는 것이다. 부러뜨릴 수 없는 이 기념비를 뒤로 나는 지향없이 그한 낭만의 궁전에 최후의 결별을 하고야 말았다.

2.

끊임없이 닥쳐오는 곤비困憊와 울분과 불안의 밑바닥에서 나는 나의 마지막 청춘의 막다른 골목 ─ 그 공처空處의 피안彼岸에서 영원의 방랑을 꿈꾸었다. 그러나 기어코 배신하려던 나 자신을 억제하여 나의 시신詩神은 용서하지 않았다. 중량重量을 잃은 폐허의 가슴은 시와의 결별을 함으로써 자위하고자, 그대로 폭파시킬 수 없는 '청춘의 망루望樓'를 장식하려고 하였다. 그러나 어디까지 단념할 수 없는 시신詩神의 인도로, 나는 신라 천년의 꿈이 짙은 '범어사'를 찾게 될 기회를 얻었다. 이 기회야말로 나를 아껴준(나는 그렇게 믿는다) 시신詩神이 나의 분화구를 터뜨려놓은 제2의 기원을 지어주었다고 확신한다.

이날은 '사월초파일', 산사山寺에 운집한 여자만의 세계였다. 그 눈부시고 황홀한 장면은 내가 서라벌 땅에 온 이래의 가장 인상 깊은 모습이었다. 오랫동안 '집'이란 창살에 갇히어, 뭉친 '울분의 난무亂舞'를 쳐다보고 나는 "여자란 오래 가두어 둘 것이 아니라"고 느꼈다.

고요는 다시 내 곁에 끊을 수 없는 애욕愛慾처럼 다가선다. 나는 바위에 앉아 명상에 잠기고, 시름을 흘려보낸다.

달밤! 중천을 반사하듯이 잠기운 물 위의 달빛! 나의 가슴은 설렌다. 순간 나는 '달禮'라고 나직이 불러본다. 순식간에 무의지어 빛보래지는 나의 어휘의 정화한 분사噴射 - 나는 '달禮'란 꿈속의 여인을 빌려 '부활제'의 서막시序幕詩를 이 영롱한 공간에 적셔 놓는다.

"여음餘音 뇨뇨히 젖고름 얽어 뒹구는
바람의 리본, 첩첩 노들 금수놓아
나부끼는 치맛자락, 서라벌 오롯한
백파白波의 노래 산산이 흔들어
중천 달 띄워 맑진 고구려의
얼을 불러 아늑한 청자靑磁의 꿈
백제의 비파를 고루어 연연 오천년
이어 감도는 새벽은 금강무곡金剛舞曲!
달禮야 그 지친 눈물을
나에게 마시게 하여라!"

　다시 솟을 낭만의 파르테논의 머언 설계를 그리면서
나의 울렁이는 가슴은 어지러워 스스로 땅에 떨어진 종
달새처럼 우짖고야 만다. 광염의 소나타처럼 높게 얕
게, 울리고선 빗겨 가는 음조 위에 나의 시신詩神의 머물
수 없는 비약飛躍의 첩첩한 유도에 나는 위치를 바꾸어
다시금 계속한다.

"쪽빛진 바다 원시原始 무르녹아
노을진 너와 나의 울렁이는 랑데부
하늘의 푸른 왈츠 나래쳐

울려줄 8월의 심포니 –

오 – 천년의 밀어 젖빛진

―달禮의 눈부신 혼례식!

비둘기 떼지어 날을 초대장 이윽고

오색진 설계의 보랏빛 퇴적堆積이여

달禮야 목마른 늬 입술 나에게 부딪쳐라"

월하의 이태백의 환상을 시시로 아로새기며 흩어지는 나의 노래는 이 꿈속의 여인을 절대의 대상으로 파동波動한다.

― 꿈은 깨[覺]어야지만 한다. – 숙명의 옥루몽에서 나는 다시금 공포의 나락 – 현실 속에 사로잡히지 않으면 안 된다. 나는 두 손으로 얼굴을 가리운다. 그러나 이 범어사 짙은 유원의 고요 속에서 '달禮'를 발견하였다는 것은 다시없는 기쁨이 아닐 수 없었다.

"오 – 달禮. 내 가슴 꿈속의 여인이여

이리로 간절한 나의 노래 고이 묻어줄

늬 절대의 믿음에서 영영

물러가련도다. 제祭는 끝난가 보다

편히 쉬어서 돌아가렴! 한 방울

포도주처럼 이 송영頌榮의 제전祭典에 도취하여
쓸어지는 환희의 빛보래!
길이 솟아라
영원의 파르테논, 내 가슴 불멸의
여운, ……. 8월의 무지개여!"

꿈에서 깨어난 나는 시신詩神에게 물어본다. ─마치
레니에의 마음의 대화처럼 ─ 시신은 서슴지 않고 가르
쳐준다.

─소박하고 평범하고 영원한 여인! 이것이 나를 맞을
시의 대상이라고 시신은 전한다. ─소박하고 평범하고
구원久遠한 여인! ─어서 나는 찾아가야만 하겠다. 나는
이 소박하고 평범하나 그 구원久遠한 '달禮'를 떠날 수
없다. 그는 기어코 나의 앞에 나타나리라!

달禮.
쪽빛져 오랜 낭만의 파르테논
그 연연 구비칠 원주圓柱에 첩첩이 다가설
꿈속의 나이아가라 오─ 너와 나의
동결된 영원의 나래로 하늘 달리며
길이 흩어질 바다의 눈부신 갈채!

가자! 열매 익은 금단의 지혜수智慧樹

잎새마다 아름 따다 승천의 기적을 믿으며 달려가자!

언제 어디서 어떻게 나타나 다가올 이 꿈속의 달禮!

나는 그를 부른다.

　－달禮.

동해 노을 짙은 새벽처럼 오라!

김영주 화백이 그린 26세의 공중인 시인

도화유수桃花流水*

도화유수묘연거桃花流水杳然去

(복사꽃 흐르는 물 따라 아득히 흘러가니; 이태백의 「산중
문답」)

"마침내 이별, 이별은 죽음이다." (괴테)

해마다, 해마다 푸른 계절은 오고, 너에의 회상도 함
께 온다.

소원은 차라리 저 - 아름다운 꽃밑에 영원히 지려던
즐겁고도 서러운 청춘의 흘러간 정경은 예와 다름없이
꽃과 푸름의 계절을 이 땅 위에 수놓는다.

너도 기억하리라, 우리들의 지나간 푸름의 계절을!

진실로 이대로 봄은 가도 추억은 영원하라고 빌고 싶
은 나의 심회이다.

---

* '도화유수'는 시인이 30대에 쓴 글로 추정되며 원고지에 정갈하게 쓴 것으
로 보아 발표된 글로 추정된다.

……아름다운 산, 아름다운 시내, 그리고 그지없이 아름다운 전원田園의 은銀날개의 선율! 그 속에 우리들의 청춘은 있었다.

푸른 빛은, 하늘을 닦고, 숲을 물들이고, 산야山野를 덮고 있다.

아, 이 아름다운 계절의 병풍 같은 꽃과 푸름의 정경 속에 안기어, 나의 사랑 머언 사람이여,

너와 놀던 복사꽃밑에 너는 갔어도 그 꽃은 너처럼 해마다 피어 있기에, 옛날의 추억과 더불어 나는 외로이 그 자리에 앉는다.

……이 꽃밑에 영원을 영원히 소원하던 헤렌이여

나는 지금 너와 나의 계절인 이 푸름 속에 온통 노래가 되어 꽃밑에 눕는다.

헤렌이여!

네가 그렇게 좋아하던 저 ― 영국의 다우슨Dowson의 노래를, 마치 지금 너를 대하듯이 이 복사꽃밑에서 다시 읊어본다.

아 ― 어디에서 오는가! 이 훈훈한, 너의 입김처럼 바람은 일고, 너의 환영은 바야흐로 꽃잎이 바람에 지듯이, 바시시 내 곁에 앉는다.

순간 나는 네가 좋아하던 다우슨의 시를 읊조린다.

"피할 수 없는 이 슬픔에
꽃처럼 지고 마는 이 내 마음
내일이면
우리들은 이별이라
피할 수 없는 이 슬픔은
나의 전부여라

그대여, 비파를 타지 말라
그대로 두렴
다만 나의 품에
그대의 머리를 기대어,
원하노니, 그대여 비파를 울리지 말라
슬프거나 또한 즐겁거나.

그대여, 한마디도, 더 얘기를 하지 말라, 나를 울리지
말라
예와 다름없는 침묵의, 끊임없이
이곳을 도사림에 맡겨 두라
나는 견딜 수 없나니

내일을 잊으라

나를 울리지 말라,
다만 침묵의 슬픔에 맡겨 두라
이곳에 그대의 머리를 드리우고
내일을 잊으라
다만 오늘만을 회상하라"

저 멀리 아지랑이를 피워 올리며, 초록빛이 저만치 꽃빛으로 불타는 들! 들! 들!

헤렌이여,
계관桂冠보다는 아름다운 육체를 희망하던 나의 어쩔 수 없는 계절의 꽃밑으로, 옛날의 젖빛구름 같은 밀어蜜語들이, 바람 따라 환상 속에 시내쳐 온다—
그것은 도시 믿어지지 않는 슬픔이다. 완쾌完快라는 기쁨 대신에 영영 올 수 없는 귀촉새처럼 너는 아주 가고 말았으니, 이 비절悲切한 가슴 무엇에 비겨야 할 것인가!
멈출 수 없는 마음의 아픔을 어쩔 수 없이 이곳 옛날의 꽃밑에서 그대의 이름을 불러본다……
들리지 않는 이 내 마음의 울음은 저 쉬임없는 머언 여울의 파도소리와도 같은 것이다.

혜렌!

그대의 영혼도 나를 그리면, 내가 너에게 읽어주던 뮈세Musset의 노래를 네 가슴에서 되받는 메아리처럼 나를 그리워 읊을 것이다.

"회상하라!
만약 운명이 영원히,
나를 네게서 갈라놓는다면
내 슬픈 사랑을 상기하라
이별의 그때를, 회상하라
마음의 울림이 사라지지 않으면,
영원히 마음은 너에게 이야기하리라
아 ― 회상하라, 회상하라고!"

혜렌!

이처럼 허전히 무너진 애소哀訴의 가슴은 오월이라 모두들의 계절을, 내 또한 피할 수 없어 꽃바람 곁에 그대만을 사모하여 헤매이는 나를, 얼마나 그 얼마나 혜렌의 영혼을 원망하겠는가!

회복하기 어려운 이 내 가슴의 허허로운 노래의 불속에 차라리 나로 하여금 영원히 노래의 불을 지르게 한 그 불꽃으로써 혜렌의 가장 순미純美한 잔상殘像을 영영 불살라 버리게 하라!

언제나 그 언제나 이곳에 그대로 남아 있는 나무처럼, 어디에서 온 것조차 알 수 없는 나 자신의 말할 수 없는 이 신비한 회의에서, 나는 저, 무수한 잎사귀에 무수히 혜렌의 얼굴을 그려본다.

나와 혜렌은 지금 회상의 봄길을 어둠 속에 걷고 있다.

— 인생의 머언 피안에서 영원히 돌아올 수 없는 너를 생각한들 그 무슨 보람이 있겠는가마는,

훈훈한 꽃바람은 정열의 내 가슴을 소생시키고 나와 이 자연을 그대로 도취하고 있다.

복사꽃잎을 따서 물위에 띄워 보낸다.

혜렌은, 혜렌은 저, 도화유수인가!

너의 옛노래는 지금도 나의 귀에 아련히 들려온다.

혜렌이여, 이 세상에 꿈과 환상과 희망이 없다면 우리들은 그 얼마나 의미 없는, 너무나 허전한 이 현실에 사는 보람마저 없을 것이 아니겠는가!

우리들은 항상 세월에 속아 산다고 하지만, 비록 꿈이 실현될 수는 없다 하여도 우리는 이러한 희망 속에 무한

의 무지개를 회상하면서 인생을 영위하고 있는 것이 아니겠는가.

헤렌! 이처럼 순수한, 나의 지나간 청춘의 가슴을 샘처럼 솟아오르는 그 한량없는 추억을 초대하면서 들길을 홀로 걷고 있다.

너를 생각하며 단 혼자서!……

헤렌이여, 십 년 전 옛날이 지금 복사꽃 피는 이 강변에 시공을 넘어 다시 오고, 너와 나는 꽃밑에 회상의 그날을 동심초처럼 얽는다.

젖빛구름과 더불어 불어오는 바람은 나의 녹슨 마음의 종을 울려준다.

항시 저 머언 지평地平으로 사라져 가고픈 내 감정의 선율은 마치 한량없이 바다에 쏟아지는 무수한 빗줄기와도 같다.

헤렌이여, 영원의 헤렌이여

오랜 날의 내 열망은 단 한 번 그 마음속에 갇혀버린 영원의 아름다운 순간을 위하여, 나의 전부를 걸고 그때의 환상 속에 백열白熱의 청춘은 동결하여 간다.

그러나 너무나 순결한 꽃처녀였던 너를 향하여 위대

하리만큼 행복에 젖은 아름다운 순간에 있어서도, 나는 단 한 번, 아니, 단 한마디, '사랑한다'고 말하지 못한, 나의 심중을 나는 결코 원망하지는 않을 것이다.

　너는 이미 이 세상을 떠나가고야 말았기에, 나는 그지 없는 회상들을 불러서 이 글을 초草할 따름이다.
　회상은 마치 물새들이 날으며 적시는 바다의 부고訃告처럼 나의 가슴을 찌를 때마다 뜨거워지는 자꾸만 뜨거워오는 눈물을 억제할 수가 없다.

　헤렌이여, 이 눈물의 이름조차 알 수 없는, 이 뜨거운 흐름 속의 한 방울 물살처럼 소리 없이 너를 지향하던 나의 들을 기억하여 달라……

　"사랑하리라 피를 바쳐 사랑하리라
　천년 부르다가 쓰러질
　목숨의 지평에서
　이제야 열을 다하여
　나는 사랑하리라.

　늬 오는 날 그 드높은 갈채 속에

새벽을 뒹구는 바다의 신부新婦처럼
늬 오는 날, 나는 바람처럼 뛰어가리니,

어서 오라! 죽음이 부르기 전에
우리가 피워 올린
낭만의 꽃그늘로 너는 오너라.

바람을 향하여
능라綾羅로 흐르는 이브의 낙음樂音을
나의 황홀한 마음의 귀는 울리고
나의 입술은
찰나의 모음母音을 삵는도다

여기 머물러 도취하고
여기 우러러 눈물짓고
여기 돌아와 피를 흘리나니……"

　헤렌이여, 그 영혼에 나는 경건히 이전 날 헤렌이 내
노래의 대상이었음을 진실의 이름으로 고백하여 둔
다. 헤렌은 이것을 어떻게 나무라고 원망할지는 모르지
만……

혜렌이여, 이렇게 몇 번이고 혜렌이라고 부르는 내 음성이, 인젠 불러도 대답 없는 저 민연泯然히 사라지는 심연의 메아리처럼 비통하기 짝이 없다. 혜렌은 그 시절 나를 어떻게 생각하였는지 알 수 없으나, 나는 나의 모든 젊음과 정열을 다하여 충실한 시종처럼 혜렌의 모습을 우러러왔었다. 그리고 혜렌의 존재 없이는 이미 나의 존재를 생각할 수 없게끔 되었던 것이다.

그러나 어디까지나 순수한 어디까지나 정신적인 혜렌과 나와의 그 거리! 그것은 다시는 있을 수 없는 것이다. 아니, 영영 두 번 다시는 돌아올 수 없게 되고야 말았다……

아름다움은 영원히 참다운 것이나 그 아름다움은 가서 돌아오지 않는다. 영원히 돌아오지 않는다.

아름다운, 누구나 다 간직한 저마다의 아름다운 회상 그처럼, 나의 혜렌은 나의 가장 아름다운 환상 속에 자리잡고 있다. 인생에 일어나는 모든 비극도 미움도 사랑도 저주도 그리고 죽음도 모두가 부하負荷된 운명인 줄을 알면서도 나는 혜렌과의 인연을 단념할 수가 없다.

혜렌에의 그지없는 추억은 나의 노래 속에 영원히 살아 있다.

헬렌은 나에게 시를 쓰게 하기 위하여 이 세상에 태어났는지도 모른다.

아, 헬렌은 진실로 진실로 나의 귀촉새였었는가!

헬렌의 영혼은 저 도화유수의 무한한 슬픔 속에 나를 눕혀주고 또다시 뮈세의 노래를 저 머얼리서 읊어주는 것만 같다.

"회상하라, 차디찬 흙 속에 영원히

나의 부서진 마음이 잠든다면

기억하라 쓸쓸하기 그지없는 꽃이

서서히 내 무덤 옆에 피면

그대는 나를 다시 보지 못하리라

그러나 변함없는 나의 영혼은

친절한 누이동생처럼 그대 곁에 돌아오리라

마음 다소곳 밤에 들으라

속삭이는 목소리 있노라,

회상하여 달라고!"

이제 또다시 회상한들 무슨 소용이 있겠는가!

그러나 나는 헬렌을 회상할 것이다. 다시는 다시는 더, 그 이상, 나는 생각지도 쓰지도 않으려고 마음하였

240

으나,

영원히, 그렇다, 쉐리의 가슴처럼

"노- 모어. 오- 네버 모어!"라고 외쳤으나……

헤렌이여, 너와 나의 푸른 계절이 오면, 도화유수 묘연杳然히 사라지는 그 시절이 나를 부르면, 신이 아닌 사람인지라 어쩔 수 없는 것이다-

아름다운 회상이여, 헤렌과 더불어 영원히 잘 있거라!

공중인 시인의 시문학 노트*
- 시를 지향하는 여러분에게

나는 특히 시를 지향하는 여러분에게 한마디로써 표현한다면 - 시에 요구되는 것은 그 유형적인 영탄詠歎이기 전에 먼저 독자獨自의 '언어'가 되지 않아선 안 된다고 생각하는 바이다. 바르고 순수한 저마다의 언어에 의한 오늘의 역사 - 오늘의 생활에의 인식과 반성이 욕구慾求되는 것이다.

시를 찾기 전에 먼저 '언어'를 구하여야 될 것이다. 그리고 그의 거짓 없는 언어가 더불어 오는 - 즉 내포하여 오는 시야말로 장래의 크나큰 '국민의 시'의 소지를 발견할 수 있으리라고 확신하는 것이다.

그것은 시의 형태상에도 동일하게 생각되는 것이다. 필자는 오늘날 새로이 시를 지향하는 여러분의 작품에 대하여 이미 어제의 시인들이 사용하여 온 '운율의 망령'을 좇아선 안 된다고 생각한다. 그런 것에 의지하여 이 팽배澎湃하는 건설도상에 있는 새로운 목소리를 더럽

---

* '공중인 시인의 시문학 노트' 역시 매체를 확인할 수 없지만 출간된 글이다.

242

히고 싶지는 않을 것이다.

여러분의 새로운 운율 형태도 또한 그 청신淸新한 언어가 스스로 띄는 '어기語氣'와 '어감語感'에서 새로이 이루어지리라 믿어지는 것이다.

모든 예술의 근본적인 가치의 판단은 작자가 여하한 표현을 하였는가에 달려 있다고 하여도 과언은 아닐 것이다. 이것이 필자의 한결같은 소신인 것이다.

시도 또한 마찬가지이다. 독자성이 없는 것은 시로서의 생명이 없는 것이다.

나는 여기에 몇 마디 더 적어두기로 하는바 여러분의 참고가 된다면 그 이상의 기쁨이 없겠다. 그것은 다름이 아니라 '시는 어디까지나 자연의 거짓 없는 감정의 유로流露'라는 것이다.

시는 이미 모든 인간의 정신의 기초가 되어 있는 것이다. 시에 접촉하는 것은 우리들의 행복을 더하는 것과 다름이 없는 것이다.

시를 이해한다는 것은 이 세상에서 그 무엇보다도 아름다운 것이 정신과 악수하는 것이다. 시는 참으로 진眞과 선善과 미美 속에서만 건전히 육성되는 것이다.

다시 말하면 시는 사랑이요 환희요 인생의 구원久遠한 원천인 것이다. 시는 그 지은 사람의 감각과 표현의 여하에 따라 그 부여하는 효과에 있어서 상당한 차이가 생기게 됨은 더 말할 여지조차 없는 것이다.

시작詩作하는 데 있어선 '표현의 고심'이 있다. 표현의 고심은 많은 시인들의 시를 읽는 길밖에 더 없을 것이다.

또 한 가지, 시에 있어서 가장 중요한 것은 '운률(리듬)'이다. 리듬은 다름 아닌 그 시인의 호흡이요 생명이요 하나의 '살아 있는 힘'이다.

이제 여기에 근대에서 현대에 이르기까지 여러 시인들의 유파와 경향을 극히 간단히 별견別見하여 다소나마 여러분의 참고가 되기를 원하는 바이다.

제한된 지면 관계상 많은 시와 그 유파에 대한 관견管見을 압축시켰으므로 우선 이 정도의 인용을 이해하여 주기 바라는 마음 간절하다.

…… (제유파諸流派인 자연파, 악마파, 상징파, 민중파, 우상파宇象派, 입체파에 대한 구체적 설명은 생략)

제유파諸流派의 시작詩作에서 별견別見하는 바와 같이 시의 내용이 신비주의적이건 상징주의적이건 또한 자연주의적이건 현대주의적이건 간에 일체 상관없이 그 사상, 즉 완전한 감정의 독창적인 '리듬'의 존재 여하에 시의 생명이 달려 있으며 참으로 그것이 시냐 아니냐 하는 것은 오로지 여기에 있다고 단언하여도 좋을 것이다.

중국의 옛 문장가 구양수歐陽修의 말은 시작에 있어서 불멸의 모토 – 라고 나는 생각한다.

즉 "많이 읽고 많이 쓰고 많이 생각하는" 그것이다.

쓴다는 것은 그 무엇보다도 힘이 되는 것이다. 그러나 막연히 쓴다고 하여서 언제나 되는대로 써서는 안 될 것이다. 힘과 혼을 기울여 쓰는 것이다. 고심하고 쓰는 것이다. 생각하고 쓰는 것이 시작에 있어서 가장 중요한 것임을 필자는 여러분에게 다시금 강조하는 바이다.

만약에 시를 쓰는 데 있어서 어떻게 하면 좋으냐고 묻는 사람이 있다면 그것은 전술한 – 많이 읽고 많이 쓰고 많이 생각하는 그것이라고 답변할 수밖에 없을 것이다.

그런즉 쓴다고 하여서 결코 난작亂作하여선 안 된다. 난작이란 단지 무의미하게 쓰는 것밖에 안 될 것이다. 감흥 없이 써서는 비약이 없을 것이다. 썼으면 몇 번이고 잘 다듬어야 하는 표현의 고심이 여기에 있는 것이다.

진전進展하지 못하는 사람은 그의 세계가 작고 협소하기 때문일 것이다. 그리고 님을 모방 추종히는 데에만 급급하여 시작이 부실하여선 안 된다는 것을 끝으로 강조하고 싶다.

낭만의 기치旗幟와 겨레의 노래

이재복(문학평론가, 한양대 교수)

1. 낭만의 기치旗幟와 족적

공중인孔仲仁(1925~1965)은 1950년대 시인이다. 1949년 《백민》에 「바다」, 「오월송」 등을 발표하면서 본격적으로 작품 활동을 하였고, 1957년 첫 시집 『무지개』를 발간하였다. 이어 1958년에 두 번째 시집인 『조국』을 발간하였다. 이 두 권의 시집이 그가 우리 시사에 남긴 족적이다. 시작 기간이 길지 않은 것을 고려하더라도 시집 두 권은 과작이라고 하지 않을 수 없다. 이것이 시인으로서의 그의 위상과 평가에 일정한 영향을 주었다고 할 수도 있다. 하지만 시집 한두 권으로도 우리 시사의 절대적인 위상을 차지하고 있는 시인들을 염두에 둔다면 과작은 크게 문제가 될 수 없다. 시집의 양이 아니라 면 질이 문제의 핵심이라는 것인데, 그 질에 대한 기치 평가 역시 어떤 절대적인 기준이나 객관적인 판단이 담보된다고 볼 수 없기 때문에 여전히 논란의 여지는 존재한다고 할 수 있다.

우리 시사에서 공중인 시인에 대한 평가는 미미한 편이다. 공식적인 문학사나 시사에서는 거의 언급된 적이 없고 주로 신문이나 잡지의 단평이나 강연과 같은 방식으로 몇몇 사람들에 의해 언급된 것이 전부이다. 이들의 언급을 통해서 알 수 있는 것은 1950년대 시단에서의 그의 위상은 물론 그 이후 그의 시에 대한 문학사적인 평가이다. 그런데 그에 대한 언급에서 흥미로운 것은 그의 시의 위상에 대한 평가가 나누어진다는 것이다. 한쪽에서는 그의 시를 '분방한 정열'과 '심미적 감동의 풍부함'*으로 높이 평가하고 있는가 하면 다른 한쪽에서

---

* 시를 쓰는 대로 시집詩集이 흘러나오는 중에서 시인 공중인孔仲仁 씨의 시집만은 나오지 않았다. 혹시는 나로서 은연히 기다린 때도 있었다. 한 편의 시로써 그 시인을 만대萬代에 거느릴 수 있으나 한 시인의 면모面貌는 한 시집에서 우선 구현되는 것이다. 그런 의미에서 시집 『무지개』는 의미 있는 출현出現이라고 할 것이다. 첫째로 일관하여 강조되는 것은 시편詩篇 하나에 나타난 분방한 정열이었다. 그것을 혹시 공허하다는 듯이 논단論斷하는 평가도 있으나 나는 공중인 씨에게 대상對象을 심미적審美的 감동에서 포착하는 정열의 양量이 풍부함을 높이 평가한다. 어떠한 의미로든지 시인이 타고난 정열은 곧 시를 이루는 정열인 것이다. 공중인 씨의 시는 여기에 인용할 것 없이 어느 편에도 그 정열이 넘치고 있다. 다음으로 들 수 있는 특색은 그 정열을 통하여 시혼詩魂을 세우려는 것이다. "재빠르게도 순간이 열어준 유현幽玄의 길을 향하여 이제야말로 새벽을 딩구는 천성天性의 바다처럼 나의 생애는 재현再現하고 비약飛躍하고 융합融合하리니."(푸른 혼가婚歌의 일절—節) 이것은 낭만주의 정신에 의한 자아실현이요

는 '시의 남발', '결벽증의 부재', '억지부림'* 등으로 혹평하고 있다. 이러한 상반된 평가는 시에 대한 취향과 관점 및 태도의 차이에서 비롯된 것이다. 이런 점에서 그의 시에 대해 혹평하고 있는 신경림의 경우에도 그 나름의 타당한 이유가 존재한다고 할 수 있다. 하지만 그의 말 중에서 '기억'이라는 부분에 대해 한 번쯤 찬찬히 따져보고 넘어가야 할 필요가 있다. 지금 그의 시를 아무도 기억하지 못하는 것이 과연 시의 남발, 결벽증의 부

순간마다 변용變容하는 시혼의 세계인 것이다. 다음으로 한 가지 더 들고자 하는 것은 이념의 세계다. 그것이 대부분 "기념비記念碑" 편에 실려 있다. 우리가 묵념할 때마다 무엇을 생각하고 고개를 숙이는 것인지 다시 한번 반성할 때 시인들이야말로 그 근원에 부딪쳐볼 만한 일일 것이다. 고갈되는 국민적 정열 또는 민족의 근원적인 것에 부딪쳐보려는 노력을 위하여서도 그 장점이 재평가되는 동시에 낭만주의정신이 이 시집을 기회로 독자에게 널리 감상되었으면 한다. (김광섭金珖燮의 「무지개」와 낭만주의정신, 경향신문, 1957. 4. 25.)

* 시를 함부로 써서 남발하기보다는 단 한 편으로 승부를 거는 그런 결벽증이 아쉽다는 이야기였습니다. 가령 1920년대 '백조'의 초기 동인으로 노자영盧了泳이라는 시인이 있었습니다. 시를 수없이 썼고 아주 인기 있는 시인이었죠. 그런데 지금 노자영이라는 시인을 누가 압니까. 또, 50년대에 가장 인기 있는 시인은 공중인孔仲人이라는 시인이었습니다. 신문에 시를 연재했는데 가판에서 그 사람의 시가 없으면 안 팔릴 정도였죠. 그런데 지금 누가 그를 기억하고 있습니까. 그러나 「해바라기의 비명」이라는 단 한 편밖에 남아 있지 않은 함형수 시인 같은 사람은 오래도록 기억될 수 있다는 거죠. 그 이야기는 곧 너무 억지부려서 시를 쓰지 말자는 이야기도 되겠죠. 단 한 편을 써도 좋은 시를 쓰는 게 의미 있는 것이 되겠지요. (신경림, 「어떤 시를 읽을 것인가」, 한국문화예술진흥원 금요이야기, 2004. 6. 18.)

재, 억지부림 때문일까 하는 점이다. 이와 같은 이유가 한 원인이 될 수도 있겠지만 여기에는 '외세에 의한 근대화와 식민지, 분단, 전쟁을 거쳐 개발독재'로 이어지면서 자연스럽게 구축된 '민족, 근대, 리얼리즘, 민중'* 같은 이념이 강하게 지배력을 행사했기 때문이라고도 할 수 있다.

김광섭의 단평에 언급된 것처럼 공중인의 시는 낭만성에 기반을 두고 있다. 그의 이 낭만성이 개인의 차원을 넘어 국가나 민족의 차원으로 확장되어 드러나는 것이 사실이지만 이때의 국가나 민족은 민족문학 진영이 추구해온 리얼리즘적인 이념하에서의 그것과는 차이가 있다. 그가 추구하는 낭만성과 민족문학 진영의 리얼리즘은 근본적으로 서로 다른 지향점을 가지며, 그 사이에는 불화와 갈등의 요인이 내재되어 있다고 할 수 있다. 그의 낭만성이 자연스러운 개인의 감정의 발로에 가깝다면 리얼리즘은 집단적인 이념이나 이데올로기의 구현에 가깝다. 또한 그의 낭만성이 지적이고 파편화된 세계의 불안을 드러내는 모더니즘과도 일정한 차이를 보

---

* 이재복, 「낭만적 실존과 관절冠絶의 사상」, 『무지개』 해설, 문학세계사, 2015.

인다고 할 수 있다. 우리 문학사에서 그의 시가 소외되고 배제된 원인이 이와 무관하지 않을 것이다. 만일 이것이 사실이라면 그의 시는 우리의 기억으로부터 멀어진 것이지 시로서 평가받을 만한 가치가 없는 것이 아니라는 것을 의미한다.

1950년대 가장 인기 있는 시인이었던 그가 우리의 기억 속에서 잊혔다고 하여 그 시대적 수용과 반향이 의미 없는 것은 아니다. 당대 독자의 감성과 감각, 더 나아가 의식 전반에 대한 검토를 통해 그것을 밝혀내고 여기에 의미를 부여하는 일이야말로 문학 연구의 중요한 덕목이다. 이미 「낭만적 실존과 관절冠絶의 사상」*에서 그의 시 세계를 검토한 바 있는 경험자로서 말한다면 그의 시는 충분히 재평가할 만한 가치가 있다고 본다. 특히 그의 시의 낭만성 혹은 낭만주의에 대한 검토는 우리 시사와 관련해서 충분히 의미 있는 일이 될 것이다. 그의 시의 낭만성과 1920년대 우리 낭만주의 시인들의 감상적이고 퇴폐적인 경향과 서로 비교하여 그 흐름을 분석해 보는 것도 필요하고, 또 1950년대의 전통적 서정시와 모

---

* 공중인 시인 사후 50년 만에 아들 공명재에 의해 『무지개』라는 이름으로 2015년 9월 20일 문학세계사에서 시전집이 복간되었다. 이 글은 여기에 부처진 해설이다.

더니즘 시와의 관련성 속에서 그 흐름을 분석해보는 것도 필요하다. 이와 관련하여 한 가지 고무적인 것은 그의 사후 50년을 맞이하여 『무지개』라는 이름으로 전집이 복간된 것, 그리고 탄생 100주년을 맞아 『무지개』 이후 발표된 시들과 이전 발표했으나 시집에 실리지 않은 시들을 묶은 『또 하나의 무지개』가 발간된 것을 들 수 있다. 이 과정에서 "전집에 묶이지 못한 시들이 다수 존재한다"*는 사실이 밝혀진 것 등은 앞으로 그의 시 연구에 일정한 기반을 제공한다는 점에서 의의가 크다고 할 수 있다.

2. 정감의 충만과 비전의 투사로서의 낭만주의

공중인 시의 낭만성은 그의 시 전반에 걸쳐 드러나 있다. 그의 시의 낭만적인 정서는 행간에 숨어 있다기보다는 밖으로 흘러넘치고 있다. 흔히 낭만주의를 '스스로 흘러넘치는 힘찬 정감'**이라고 표현하는데 그의 시는

---

* 『무지개』 복간 인터뷰(『한국일보』 2015년 10월 12일)에서 공중인 시인의 차남 공명재 씨는 '부친이 책을 내는 데 큰 뜻이 없어 미출간한 원고만 열 상자가 넘는다'고 말한 바 있다. 이것이 사실이라면 그에 대한 연구와 이를 통한 문학사적인 평가는 얼마든지 달라질 수 있다.

** W. Wordsworth, Preface to the Lyrical Ballads, Wordsworth's Literary Criticism, ed. N.C. Smith, London, 1905, pp. 30, 15-6.

이 정의에 잘 맞는다고 할 수 있다. 낭만주의는 비례, 조화, 질서, 규칙, 규범, 관례 등을 중시하는 고전주의와는 달리 느낌, 직관, 충동, 열정, 믿음 등을 중시하는 예술의 한 사조이다.* 이런 이유로 낭만주의자의 내면은 언제나 정감으로 가득 차 있다. 이 들끓는 자신의 내면의 다양한 정감들이 밖으로 흘러넘쳐 그것이 어떤 사물이나 대상에 투사되어 하나의 형상을 짓게 되는 것이다. 낭만주의자의 내면을 가득 채우고 있는 정감은 지금, 여기라는 현실보다는 그것을 초월해 저기나 영원을 겨냥한다. 이들에게 현실은 이상적이고 진정한 존재로 인식되지 않기 때문에 그것을 넘어 이상적이고 영원한 세계를 희구하는 것이다.

시인의 이러한 낭만적인 희구를 가장 잘 표상하고 있는 대상이 바로 '무지개'이다. 낭만주의자인 시인이 지을 수 있는 형상이란 자신의 내면의 정감이 투사된 존재일 수밖에 없으며, 이런 점에서 그것은 현실적인 리얼리티를 지닌 실재나 견고한 형식으로 이루어진 대상과는 거리가 멀 수밖에 없다. 낭만주의가 '형식과 조화의 추

---

* W. 타타르키비츠, 손효주 옮김, 『미학의 기본 개념사』, 미술문화, 2011, 234쪽.

구와는 대조를 이루는 것으로서 하나의 의식적인 무정형성無定型性을 추구하는 것을 기본적인 특징으로 한다'* 는 말은 이런 이유에서 나온 것이라고 할 수 있다. 시인의 정감을 솟구치게 하는 혹은 시인의 정신이 발견해낸 무지개는 낭만성을 표상하기에 가장 적합한 대상일 수 있다. 무지개는 자유분방하고 초월적이면서 영원한 것을 동경하는 시인과 닮아 있기 때문에 윌리엄 워즈워스 William Wordsworth는 나이가 들어서도 무지개를 보면 가슴이 뛴다고 한 것이다.

　공중인 시인의 무지개에 대한 희구 역시 이에 못지않다. 아니 어쩌면 무지개에 대한 들끓는 정감을 더 직접적으로 강하게 표출하고 있다고도 볼 수 있다. 시인은

　　……무지개여!
　　저토록 너를 그리다 못해 우짖는 심원心願,
　　귀촉새 피를 쏟고 마침내 땅에 쓰러진,
　　─너는 내 노래의 무덤!
　　나의 심이心耳는 한결같은 그 음성을 더듬어
　　울렁이는 가슴 바다처럼 일어서나니

---

* W. 타타르키비츠, 위의 책, 235쪽.

254

이 겹겹한 푸름으로 내 목숨이 영원히

마음 바쳐 죽어갈 사랑을 더불어

이제야 너처럼 있으리라

무지개여, 무지개여*

－「무지개」 부분

라고 노래한다. 이 시의 "무지개"는 시인의 "마음(心願, 心耳)"의 산물이다. 그런데 시인의 이 마음이란 "무덤", "바다", "목숨" 등의 질료들이 말해주듯이 그것은 정감 혹은 감정의 정도가 극에 달한 상태를 표상한다. 시인의 희구에 의해 탄생한 "무지개"는 밝고 환한 것이 아니라 어둡고 무거운 것이다. 형형색색 무지개가 그 안에 이렇게 무덤과 같은 어둡고 무거운 것을 내포하고 있다는 것은 그의 "무지개"의 독특한 점이라고 할 수 있다. 우리가 일반적으로 알고 있는 "무지개"와는 상반되는 의미를 내포함으로써 강한 역설의 효과를 창출하고 있다.

　시인이 탄생시킨 무덤처럼 어둡고 무거운 "무지개"의 이면에는 역설적으로 그의 의지의 찬란함이 깃들어 있다. 그는 "비록 숙음이 나를 불러/ 이 몸 묻을 무덤 하나

---

* 공중인, 『무지개』, 문학세계사, 2015, 71~72쪽.

없어도/ 나는 서럽지 않노라"*라고 말한다. 시인의 고백은 어떤 비전의 투사 혹은 투시처럼 읽힌다. 이것은 "무지개"를 통해 드러나는 시인의 낭만성이 퇴폐적이고 허무적으로만 읽히지 않는다는 것을 의미한다. 만일 "무지개"가 퇴폐와 허무로만 표상된다면 그것을 매개로 한 어떤 비전도 제시할 수 없을 것이다. 시인의 낭만성이 단순히 개인의 정감 차원을 넘어 조국이나 민족의 차원으로 나아간 데에는 "무지개"에 투사된 비전의 제시 같은 것이 없었다면 불가능했을 것이다. "무지개"에 투사된 시인의 의지로 인해 무덤이 목숨이나 생명의 비전을 잉태한 것으로 읽힌다. 가령 「오월제祭」의

끝끝내 흔들 수 없는 영원의 거리距離여!
우짖어 쓰러지는 종달이처럼 나는 가리니,
내 노래의 불길이 항시 타오르던
그 밀어密語의 통로로, 스쳐질 바람의 시름을
이제는 결코 두려워하지 않으련도다.

일찍이 무지개 피워 올린

---

* 공중인, 위의 책, 75쪽.

늬 오월의 깊푸른 제전祭典에 내 목을 놓아
마지막 사랑의 노래를 흔들도다.*

－「오월제祭」부분

에 드러난 의미가 바로 그것이다. 이 시에 투영되어 있
는 시인의 태도는 "우짖어 쓰러지는 종달이"나 "무지개
피워 올린 오월의 제전에 내놓은 목"이 환기하듯이 그것
은 좌절이나 패배 혹은 두려움이나 불안의 의미하고는
거리가 있다. 시인은 절박한 상황에서도 "가고" 또 "흔든
다". 시인이 보여주는 몸짓은 마치 창공의 별을 보고 나
아가듯이 무지개를 쫓아 나아가는 그런 비전이 투영된
행위이다. 시인이 보려는 것은 "무지개의 환하고 화려한
세계만이 아니라 그 이면에 자리하고 있는 어둡고 은폐
된 세계까지이다. 어둠이 밝음이 되고 죽음이 생명이 되
는 역설적인 세계의 이치를 꿰뚫어 볼 때 비전은 성립
될 수 있다. 시인은 그 비밀을 훤히 다 알고 있다. 그래
서 "지금은 귀촉새 피를 구을러/ 하늘 나래쳐 쓰러졌을
그 새벽에 피는가,/ 모란이여"(「모란꽃」, 23쪽)라고 노래
하는 것이다. '귀촉새의 피 흘림과 쓰러짐'이 '모란의 핌'

---

* 공중인, 위의 책, 19쪽.

으로 연결된다는 사실에 대해 이미 알고 있기 때문에 시인은 이렇게 고백할 수 있는 것이다.

"무지개"에 깃든 역설의 의미는 그의 시 전편에 걸쳐 변주되어 드러난다. 「무지개」에서 "귀촉새의 피와 무덤", "겹겹한 푸름과 목숨"의 강렬한 역설은 그의 시가 겨냥하는 세계를 환기하는 데 기능적으로 작용하고 있으며, 「코스모스」에서는 그것이 하나의 온전한 미적 차원으로 드러난다. 이 시에서 "코스모스"는 "끝내 푸름이 흩어져, 재가 될지라도"*라는 표현을 만나 온전한 질료로 탄생하기에 이른다. "푸름"과 "재"의 충돌은 "귀촉새의 피와 무덤", "겹겹한 푸름과 목숨"의 충돌 때에서 체험할 수 없는 신선한 미적 충격과 존재론적인 깊이를 체험하게 한다. "코스모스" 내에 "푸름"과 "재"의 의미가 은폐되어 있다는 사실에 대한 발견이 주의를 끈다. 이 발견은 나무가 타서 재가 된다는 표현과 비교해보면 그 정도를 쉽게 알 수 있다. 나무가 "재"가 되는 것은 그 자연스러움 때문에 그렇게 충격적이지는 않지만 "코스모스"의 "푸름"이 "재"가 된다는 표현은 이질적인 것의 결합이라는 차원에서 신선한 충격이 느껴진다. 물론 이 표현이 "타고

---

* 공중인, 위의 책, 54쪽.

남은 재가 기름이 된다"(『님의 침묵』)와 같은 표현에서 느껴지는 미적 충격과 존재론적인 깊이에는 미치지 못하지만 시적 대상의 예각화라는 미적 평가를 받을 수 있는 정도는 된다고 본다.

"푸름"과 "재"의 충돌로 인해 "코스모스"는 강렬한 미적 질료로 거듭나고, 이에 비례해 "코스모스"에 투사된 시인의 정감 역시 강렬해지게 된다. 시인이 "코스모스"를 향해 "사랑하는 꽃이여, 사랑하는 꽃이여"*라고 할 때 여기에 드러나 있는 정감의 정도는 "푸름"과 "재"의 역설적인 충돌로 인해 '죽음'의 이미지를 더욱 강렬하게 환기하게 된다. 시인의 정감이 시적 대상에 투사할 때 그의 내면의 스스로 흘러넘치는 정서적인 충동을 어떻게 드러내느냐의 문제는 시의 낭만적 성격을 결정짓는 중요한 대목이라고 할 수 있다. 그의 시의 낭만성을 표상하고 있는 대표적인 질료인 "무지개"를 통해 알 수 있듯이 그 방식 중의 하나는 시인의 정감이나 의식을 틀 짓거나 가둘 수 있는 여지를 지닌 깃들로부터의 해방과 자유를 겨냥하고 있다는 사실이다. "무지개"의 무정형성이 그렇고 "바다", "구름", "비", "꽃", "새" 등 그의 시의 주요

---

* 공중인, 위의 책, 54쪽.

한 질료들 또한 그러한 무정형성을 지니고 있다.

　시인은 이 무정형성의 질료들에 자신의 정감을 투사하는데 그것은 건조하거나 딱딱하지도 또 단선적이거나 평면적이지도 않다. 그것은 마치 물결처럼 무정형의 흐름을 드러낼 뿐이다. 이런 점에서 낭만주의자의 정감이란 고정되지도 또 어떤 틀로 가둘 수 없는 끊임없이 생성과 소멸을 반복하는 죽지 않는 흐름 같은 것이라고 할 수 있다. 낭만주의자의 내면에 이는 정감은 이처럼 바다의 파도를 닮아 있으며, 그 변화와 변주의 변화무쌍함이 낭만주의의 성격을 결정짓는다고 볼 수 있다. 시인의 시「바다」는 이미 그러한 낭만의 징후를 강하게 예시하고 있다.

　　구름다리 바람에 아시운
　　억천의 가슴−
　　바다야 새벽노을로 딩굴고 오라!

　　오색빛 만가리 채색하고
　　바다야, 바다야,
　　별을 더부러
　　나는 문허지는 하늘이 되리라

…(중략)…

바다, 수정빛 아름 움켜서
꽃피는 순간을 휘어잡고

물결에서 물결로 여릿여릿 빛을 놓아
흘러라, 흘러라 아 − 다그치는 억천의 가슴은!
그대로 훑이어 마고스처서*

                −「바다」부분

  이 시는 1949년《백민》에 발표한 그의 등단작이다. 시
적 대상으로 "바다"를 선택한 것 자체가 낭만주의자로서
의 그의 기질을 잘 말해준다. 시인은 자신의 들끓는 내
면의 정감을 "바다"에 투사하여 자연스럽게 그것을 흘러
넘치게 한다. 수많은 시적 대상들 중 시인이 선택한 "바
다"야말로 무정형의 대표적인 질료라고 할 수 있다. "바
다"의 이러한 특성은 그것이 초월과 영원을 표상하는 질
료라는 것을 의미한다. 무정형이기 때문에 시인의 들끓
는 낭만적인 정감을 투사할 수 있는 것이다. 이런 점에

---

* 공중인,《백민》, 1949년 2.3월(통권 18호, 제5권 제2호), 72~73쪽.

서 시인의 내면을 표상하고 있는 "억천의 가슴"이나 "오
색빛 만가리 채색(오색빛 만갈래 채색)"은 그대로 "바다"
를 표상하고 있는 것이기도 하다. 낭만성의 표상으로서
의 "바다"는 시인의 마르지 않는 상상력의 원천 같은 것
이라고 할 수 있다. 시인은 "무지개"에서처럼 이 "바다"
를 통해 자신이 겨냥하고 있는 낭만주의자로서의 이상
을 표출하고 있는 것이다. 시인의 "물결에서 물결로 여
릿여릿 빛을 놓아/ 흘러라, 흘러라"라고 고백하는 이 희
구 속에 어쩌면 끊임없이 초월과 영원을 꿈꾸고, 서로
반대되고 불일치한 것들조차 아우르려는 그의 낭만적
인 비전이 투사되어 있는 것인지도 모른다.

3. 원시 혹은 원형 회귀로서의 낭만주의

공중인 시의 낭만성이 다른 시인의 그것과 차이를 드
러낸다면 그것은 아마 '국가'나 '민족'과 같은 대상이 중
요한 인식의 범주 안으로 수용되었기 때문일 것이다. 시
인의 낭만성이 개인의 주관적인 내면의 들끓는 정감의
표출 차원에 머물렀다면 그의 시에 대한 평가는 다소 단
선적이었을 것이다. 국가나 민족이 시적 대상으로 수용
되는 것은 특별할 것이 없지만 그것이 리얼리즘의 차원
이 아닌 낭만주의 차원에서라면 문제는 달라질 수 있다.

리얼리즘, 특히 사회주의 리얼리즘에서 '혁명적 로맨티시즘'이라고 하여 낭만성이 하나의 창작 원리로 수용되고 있기는 하지만 그것은 어디까지나 주관적인 자발성과는 거리가 먼 집단의 이념에 의해 강제되는 정형화된 틀로서 기능하는 것이라고 할 수 있다. 이렇게 되면 국가와 민족은 이념성과 계급성을 띠게 되고, 이 과정에서 대립과 갈등과 같은 현실적인 문제가 발생하게 된다.

국가와 민족의 의미가 현실적인 차원에서 드러날 경우 낭만성은 그것을 극복하기 위한 수단과 방법의 하나로 간주될 뿐이다. 열악한 현실 상황을 넘어서기 위해 우선 필요한 것은 낭만성이라기보다는 현실의 직시와 그러한 부조리하고 불합리한 세계와의 투쟁이라고 할 수 있다. 이 사실은 리얼리즘에서 말하는 낭만성과 그의 시가 드러내는 낭만성과는 차이가 있다는 것을 의미한다. 국가와 민족을 겨냥하고 있는 그의 낭만성은 이런 이념이나 계급 투쟁과는 거리가 멀다. 그의 시의 낭만성은 '동경의 일종으로서의 낭만성'이다. 나는 그것을 '신라에의 동경'*으로 이야기한 바 있지만 이 동경을 신라 혹은 경주로 국한시킨 것은 문제라고 할 수 있다. 그의

---

* 이재복, 앞의 책, 225쪽.

시의 동경이 경주로 국한되는 것은 아니다. 신라는 그 동경의 중요한 일부분일 뿐이며, 동경에 대한 논의에 중요한 단초를 제공하는 정도로 이해하는 것이 타당하리라고 본다.

동경의 형태로 드러나는 그의 시의 낭만성이 궁극적으로 겨냥하고 있는 것은 원시적이고 원형적인 세계이다. 지금, 여기의 현실을 초월하여 국가와 민족의 원시성과 원형성이 그대로 훼손되지 않은 채 존재하는 그런 세계를 말하는 것이다. 만일 시인이 신라를 동경하고 있다면 그것은 분명 이곳이 국가와 민족의 원형을 그대로 보존하고 있기 때문인 것이다. 시인은 자신이 이상적으로 생각하는 국가와 민족의 원형을 신라에서 발견한 것이다. 시인이 동경의 대상으로 여기고 있는 신라의 "불국사", "석굴암", "낙산사" 등은 지금, 여기에 존재하면서 역으로 시간을 거슬러 올라가 신라라는 국가 혹은 그것을 통한 우리 민족의 원형을 지니고 있는 것들이다. 시인이 이상적으로 생각하는 국가나 민족의 원형이 이러한 신라의 건축물과 경주라는 공간이라는 데에 공감한다면 그것은 신라와 경주가 지니는 '시간성'에서 그 원인을 찾을 수 있을 것이다. 천 년 넘게 유지되어온 신라와 고도 경주는 시간의 차원에서 국가라는 원형을 그 어떤 국가보다도 잘 보존하고 있는 것이 사실이다. 국가와 민족의 원형과 관련하여 시인이 신라와 경주에서 발견하려고 한 것이 바로 이것이라고 할 수 있다. 가령 시인이 「신라서장新羅序章」에서

햇발을 녹이듯이 꽃머리에
이슬을 우린 봄날.
무지개를 깔아놓은 서라벌에 서자
하늘엔 뭇새 우짖는 은비銀飛의 물결,
땅에는 만첩의 흩어지는 꽃보래,
아련히 떠오르는 석가여래의 손이여
꽃의 호흡이 연연戀戀 이루었을
저 – 젖빛구름에 옛날의 슬기로운
님들의 이름을 더듬어, 천년의 영예는
그대로 한량없는 신라의 하늘빛.
누이여, 가신 누이여, 수련水蓮을 따며
가슴마다 사모친 회랑의 노래를
낙동강수에 띄워, 가까히 바람은
노을 같은 그 속삭임을 전해다오!
천지에 감도는 범종 소리에, 머언 동해는
파도쳐 외우리라

뭇별은 흡사 동결凍結된 불경의 지내침인가
내 흔연欣然히 시공을 넘어 지새는
계림의 그윽한 밤.
……영원의 신라*

　　　　　　 —「신라서장新羅序章」전문

라고 노래한 대목이라든가 혹은 「신라비가新羅悲歌 — 최
후의 신라삽곡揷曲 · 2」에서

포석정 달을 띄워 꽃밑에 놀던
찬란한 영화의 꿈 지금 어디뇨
설어라 에밀레는 마의태자의
나라 잃은 원한을 울었음인가

서라벌 눈물겨운 밤은 깊어서
이별의 그림자는 안압지수雁鴨池水에
부르고 불리우는 애절한 가슴
비창悲愴은 살을 갈아 개골산皆骨山인가

---

* 공중인, 『또 하나의 무지개』, 북레시피, 2025, 57쪽.

덧없이 그지없이 슬픈 운명에

산초山草를 끼니 삼아 태자 가는 길

단발령 바라보며 목놓아 부른

궁녀노래 바람에 들려오누나*

—「신라비가新羅悲歌 – 최후의 신라삽곡揷曲 · 2」 전문

라고 노래한 대목에서 우리가 발견하게 되는 것은 "신라"가 표상하는 오랜 시간성이다. "천년"과 "한량없는" 등의 표현 속에서 우리는 시인이 "신라"의 오랜 시간성을 강조하려고 한다는 것을 알아차리게 된다. 시인의 오랜 시간성에 대한 강조는 국가와 민족의 원형성을 발견하려는 의지를 드러낸 것에 다름 아니다. "석가여래(석굴암)"와 "범종(에밀레종)", "안압지"의 존재를 "천년"을 넘어 "한량없는"으로 표현한 것은 시간성 자체를 유한이 아닌 무한으로 설정해 그 존재를 원형에 가깝게 가져가려는 의지를 드러낸 것으로 볼 수 있다. "석가여래(석굴암)"와 "범종(에밀레종)", "안압지"의 존재를 원형에 가깝게 위치시켜 놓아야 자연스럽게 "시공을 넘어 지새는"과 같은 낭만적인 표현이 가능한 것이다.

---

* 공중인, 위의 책, 2025, 59쪽.

국가와 민족의 의미를 낭만성의 차원에서 찾아내려는 시인의 의지가 겨냥한 바는 '존재의 원형'을 회복하려는 데 있다. 이러한 원형 탐구의 시선은 "석가여래(석굴암)"와 "범종(에밀레종)", "안압지" 등 구체적 유물에 머무르지 않고, 그 너머로 확장될 수 있는 보편적 존재의 차원을 암시한다. 낭만주의적인 관점에서 보면 이 대상들은 이미 분명한 형태를 지닌 유정형적 존재로, 본질적으로 무정형성을 지향하는 낭만주의의 이상과는 일정한 긴장 관계를 이룬다. 시인이 궁극적으로 바라보는 원형은 이러한 유정형의 세계를 넘어선, 무정형적이고 근원적인 존재에 가깝다. 시인이 궁극적으로 겨냥하고 있는 것은 무정형성을 지닌 원형의 존재들이다. 무정형으로 국가와 민족의 원형을 지니고 있는 존재란 '물', '불', '공기', '흙' 같은 가장 본질적인 물질로 이루어진 그 무엇일 것이다. 하지만 흔히 4원소라고 하는 이 물질들은 세계 곳곳에 모두 존재하는 것들로 시인이 겨냥하는 우리의 국가나 민족의 원형을 드러내기에는 너무 막연하다. 이런 점에서 시인이 겨냥하고 있는 원형을 발견하기 위해서는 이 물질들을 보편성의 차원을 넘어 특수성의 차원에서 들여다보면 답을 구할 수 있을 것이다.

어서 노를 젓자. 닻을 감아라
머물러 오랜 내 마음의 배여
물새 우짖는 봄날 섬섬을 구비감아
이 몸 가벼운 구름같이 놓여지리라
끊임없는 바다의 푸른 갈채 속에서
달무리를 부수며 주고받는 뱃노래
안벽에 부딪쳐, 메아리지어 울릴지니
해변 바람 연연 불 지른 진달래
내음 우리는 꽃구름 밑에
옛날의 추억들은 다시 와서
순이와 놀던 그 요람에 흔들리우리
어서 가야겠네 그 언제면
두만강수에 내 칼을 씻을
머언 날의 영광과 더불어.
꿈속에 적시는 아 – 동해의 노을
밤낮으로 어디로 헤메이나
고향의 누이처럼 간절한 나의 바디
바람에 묻어오는 그의 노래에
귀 기울이며 언제나 사모쳐 그리노라*

　　　　　　　　　　　–「꿈속의 동해東海」 전문

* 공중인,「꿈속의 동해東海」, 위의 책, 2025, 47쪽.

이 시는 「꿈속의 동해東海」이다. 제목이 말해주듯이 이 시는 시인이 겨냥하는 원형에 대한 발견을 강하게 환기한다. 시의 문맥으로 보아 "꿈속의 동해"는 '원형'으로 치환해도 무방할 듯하다. 시인이 돌아가고자 하는 "꿈속의 동해"는 "고향의 누이처럼 간절한 나의 바다"이다. "꿈속의 동해"와 "고향" 혹은 "바다"와 "고향"은 둘이 아니다. 이런 점에서 "고향" 역시 "바다"처럼 물의 원형을 지니고 있는 존재이다. 그런데 이 물 혹은 "바다"는 보편성을 띠기도 하지만 또 특수성을 띠기도 한다. 그것은 이 "바다"가 "동해"이기 때문이다. 우리에게 '동해'는 해가 뜨는 바다의 이미지를 품고 있는 시원始原의 존재이다. 국가와 민족의 원형으로 존재하는 "동해"를 통해 시인은 둘 사이의 심연을 강하게 느낀다. 이 둘 사이의 거리는 회복하기 힘든 거리이지만 그로 인해 "동해"는 더욱 절절한 정감의 대상으로 존재하게 된다. 시인과 "동해" 사이에는 무한의 시간성이 가로놓여 있다. 이 시간성이 무한이기 때문에 시인은 자신이 처해 있는 현실을 초월해 그것을 동경할 수 있는 것이다.

무한의 시간만큼 멀리 존재하는 "동해"를 향해 시인은 들끓어 오르는 내면의 정감을 투사한다. 시인의 투사의 대상이 다른 그 무엇도 아닌 무한의 시간성과 무정형의 상태로 존재하는 "동해"라는 점은 그의 정감의 투사가 끊임없이 계속될 수밖에 없는 운명을 지니고 있다는 것을 의미한다. "동해"라는 바다는 이미 앞서 이야기한 것처럼 그것은 무정형성의 질료이며, 건조하거나 딱딱하지도 또 단선적이거나 평면적이지도 않다. 그것은 마치 물결처럼 무정형의 흐름을 드러낼 뿐이다. 이런 점에서 "동해"를 향해 자신의 정감을 투사하는 시인의 행위는 낭만주의자의 정감이 그렇듯이 그것은 고정되지도 또 어떤 틀로 가둘 수 없는 끊임없이 생성과 소멸을 반복하는 죽지 않는 흐름 같은 것이라고 할 수 있다. 시인의 내면에 들끓는 정감은 "동해"의 파도를 닮아갈 수밖에 없으며, 그것은 상실된 어머니의 자궁을 향한 동경처럼 원초적인 떨림으로 존재할 수밖에 없을 것이다.

이처럼 시인의 정감이 국가나 민족의 차원으로 투사되면서 다양한 낭만성이 탄생한 것이 사실이다. 이 낭만성은 시인의 시간성에 대한 인식으로부터 비롯된 것이다. 시간, 그중에서도 무한의 시간성을 겨냥하고 있는 시인의 태도는 "신라"와 "경주"를 거쳐 무정형의 "동해"라는 바다를 향해 나아가면서 원시적이고 원형적인 낭만성을 드러내기에 이른다. "동해"와 같은 원형이 살아 숨 쉬는 세계라든가 "신라"와 "경주" 같은 천년고도의 아득한 시공간 속으로의 투사는 현실로부터의 초월과 이상적인 세계에 대한 동경이 자연스러우면서도 강렬하게 드러난다는 점에서 낭만성의 일반적인 특징을 잘 보여주지만 투사 대상이 당대 현실을 겨냥할 때에는 낭만성이 약화되거나 과장되어 그것이 생경하게 보일 때가 있다.

그러나 그의 시의 낭만성은 일정한 변주와 함께 유연함을 유지하고 있다. 개인적인 낭만의 차원을 넘어 '국가와 민족 차원의 낭만으로 시적 지평을 확장해온 것' 또 시인 자신의 들끓는 정감을 '유원한 감성과 정서의 발견을 통해 섬세하게 표현한 것'* 등은 낭만주의 시인으로서의 그의 면모를 잘 보여주고 있는 것이라고 할 수 있다. 그가 자신의 시적 대상을 개인의 차원을 넘어 조국이나 민족으로 정한 데에는 1950년대라는 실존적 위기 상황에서 그 나름의 현실적 비전을 제시해야 한다는 낭만주의자로서의 고뇌를 반영한 것으로 볼 수 있다. 하지만 낭만주의자에게 현실은 낭만으로 대응해야 한다는 점에서 원시나 원형을 지닌 시적 대상을 발견해 그것을 드러내는 데서 그의 시는 미적 정체성을 유지하고 있다. 원시나 원형으로의 회귀에서 그의 낭만성의 단초를 발견할 수 있다는 사실은 "무지개"가 지닌 역설의 의

---

* 졸고, 앞의 책, 236쪽.

미를 통해 그의 낭만성의 단초를 발견한 것에 견줄 만한 중요한 사항이라고 할 수 있다.

4. 귀거래歸去來와 낭만의 유원한 정서

『또 하나의 무지개』를 통해 공중인의 시를 낭만성에 기초해 읽어내면서 한 가지 의문 내지 흥미로움을 가지게 되는데 그것은 "8 귀거래사"에서이다. 이 의문은 다소 뜬금없는 것일 수 있지만 낭만성과 관련해서 해명이 필요한 대목이라고 할 수 있다. 지금까지 낭만성에 대해서는 구구절절이 이야기한 바 있지만 그가 돌아가고 싶은 세계에 대해서는 이야기한 바가 없다. 어찌 보면 그게 그것 같지만 둘의 의미를 찬찬히 따져보면 차이가 있음을 알 수 있다. 전자(낭만성)가 시쓰기의 과정을 많이 함의하고 있다면 후자(귀거래)는 시쓰기의 결과를 많이 함의하고 있다고 할 수 있다. 흔히 우리에게 잘 알려진 도연명의 「귀거래사」가 관직을 그만두고 향리로 돌아와 자신의 그간의 삶을 반성하는 작품이라는 사실을 상기한다면 이러한 해석에 큰 오류는 없으리라고 본다. 하지만 그의 "귀거래"는 저간의 삶에 대한 반성이 없는 것은 아니지만 오히려 이것보다 그가 강조하고 있는 것은 그동안 추구해온 자신의 이념이나 의지에 대한 각오라고 할 수 있다.

시인은 "죽음보다 두려운 노래의 샘이 마르기 전에 나는 돌아가야겠다"고 하면서 그 "돌아감"이 어떤 것인지를 다음과 같이 밝히고 있다.

죽음보다 두려운 노래의 샘이 마르기 전에
어서 나는 돌아가야겠다
항시 계절마다 마련된 인생의 제전으로
젖빛구름 나래 위에 풀피리 하늘 채울 때,
오막살이 바람 스치는 밭고랑 괭이로 가꾸어
청자靑磁빛 아련히 저무는 전원으로 달리면
조상들의 흥겨운 풍년가락 들려오리

— (중략) —

어스름 등화燈火, 심지어 철철 감도는 화정火精에,
아사달 왕검의 꿈 슬기로운 머언 낙원의 유원悠遠에
이윽고
고구려의 영예와 서라벌의 영화, 다시
백제의 우아, 바람에 찰싹이는 이야기마다
밤을 새워 듣고 읽는 기쁨 그지없으리니!

아 심원心願의 나라, 마음 바쳐 뉘우침 없나니

땀과 열과 피를 흘릴 수 있는 전원으로

헐벗은 가슴, 나날의 새벽이 채색하는

그 노을 같은 꿈속에

마음 산산이 흩어지기 전에

어서 나는 돌아가야겠다

죽음보다 두려운 노래의 샘이 마르기 전에!*

— 「귀거래사歸去來辭」 부분

    시인은 자신의 "귀거래"가 "머언 낙원의 유원"한 정서에 있음을 고백하고 있다. 이 정서란 경주와 신라에 대한 동경과 경외에서 비롯되는 숭고의 감정과 다르지 않다. 시인은 이러한 정서의 연원을 멀리 고조선으로부터 고구려, 신라, 백제까지 확장하고 있다. "슬기로움", "영예", "영화", "우아" 등이 표상하고 있는 이념을 시인은 '한국의 유원한 정서'로 이해하고 있는 것이다. 한국의 이 심원하고 아득한 정서는 근대 이후 급격하게 우리가 망각한 정서라고 할 수 있다. 우리 민족의 근원적인 의

식과 원시반본의 영성이 깃들어 있는 고조선의 저 유원
한 세계로 돌아가려는 것이 바로 시인이 겨냥하고 있는
진정한 의미의 "귀거래"인 것이다. 그가 겨냥하고 있는
이 사상과 정서는 경주와 신라로 대표되는 우리 민족의
찬란한 융성의 시기에 풍류도라는 사상으로 부활한다
는 점에서 유구한 역사적 뿌리와 흐름을 지닌다고 볼 수
있다.

　시인은 이렇게 유구한 뿌리와 흐름을 지닌 사상과 정
서지만 지금은 망각되고 소멸의 길에 들어선 우리 민족
의 정체성을 되찾기 위해, "노래의 샘이 마르기 전에" 그
근원의 세계로 돌아가려고 한다. 시인의 "귀거래"는 그
의 이념적인 의지의 표상으로 볼 수 있다는 점에서 내셔
널리즘의 위험성이 늘 존재한다. 이것은 저간의 우리 시
사를 되돌아보면 누구나 알 수 있는 것이다. 그의 "귀거
래"가 하나의 도그마로 떨어지지 않고 시적 생명을 담보
하기 위해서는 그것에 대한 미적인 성찰과 반성이 있어
야 한다. 우리는 그것의 일단을 "죽음보다 두려운 노래
의 샘이 마르기 전에/ 어서 나는 돌아가야겠다"나 "달은
우리들, 향수의 거울/ 달은 아시아 사상의 꽃이다/ 달이
여, 동양의 달이여"(「달에게」)에서 발견할 수 있다. 여기
에서 우리가 주목해야 할 것은 "노래"와 "달"이다. 이 "노

래"와 "달"이야말로 이념의 도그마로부터 시를 구원하는 진정한 시인의 태도를 함의하고 있다고 할 수 있다. 그의 시에서 우리가 읽어내야 할 것이 바로 이러한 세계이며, 1950년대 전란으로 인한 실존적인 위기 상황에서 시인 개인의 낭만을 넘어 국가와 민족 차원의 낭만으로 시적 지평을 확장해온 그의 시를 새롭게 발견하는 데에도 이것은 또한 일정한 계기를 제공해주리라고 본다. 그가 겨냥한 실존적 낭만과 사상 이면에 은폐된 "노래의 샘"과 "달" 같은 유원한 감성과 정서의 발견은 그동안 소외되고 배제되어온 그의 시의 존재 지평을 새롭게 열어 보일 것이다.

5. 공중인의 시와 낭만성의 지평

공중인 시의 낭만성에 대한 논의는 시사적詩史的인 차원에서 다루어질 필요성이 있다. 우리 현대시사에서 다루어진 낭만성이라고 해야 1920년대 다양한 문예사조의 유입 차원에서 산난하게 언급된 깃이 고작이다. 우리 시사에서 낭만주의 혹은 낭만성은 서구의 그것처럼 비중 있게 논의된 바가 없다. 이것은 우리 현내시사에서 이러한 흐름이 미미하다고 판단해서 그럴 수도 있고, 아니면 그것의 존재를 제대로 발견해내지 못해서 그럴 수도 있다. 서구의 경우 낭만주의는 고전주의와 함께 예술 사조를 대표하는 양대 산맥이다. 어쩌면 서구의 예술은 이 둘의 길항 관계 속에서 형성되어왔다고 해도 과언이 아니다. 비록 서구의 경우이기는 하지만 우리의 경우에도 낭만주의는 어느 한 시기에 일시적으로 나타난 흐름이 아니라고 할 수 있다.

우리 현대시사에서 낭만주의를 이런 관점에서 살펴본다면 그 흐름은 지금까지 계속되고 있다는 것을 발견하게 될 것이다. 낭만주의에 대한 이해가 이 차원에서 이루어지면 자연스럽게 낭만주의의 계보가 만들어지게 되고, 이렇게 되면 공중인 시의 낭만성 내지 낭만주의도 이런 맥락에서 이해되고 또 평가될 것이다. 그의 시가 보여주고 있는 정감의 충만과 비전의 투사로서의 낭만주의와 원시와 원형 회귀로서의 낭만주의에 대한 시사적인 의미와 가치가 보다 선명하게 드러나야 그의 시세계의 전모가 밝혀질 것이다. 그의 시에 대한 본격적인 연구는 거의 전무한 상태이며 간혹 단편적으로 언급된 것들의 경우 자신들의 취향이나 이념에 따라 해석된 것들이기 때문에 왜곡의 위험성이 크다고 할 수 있다.

1950년대 우리 시의 낭만성은 전쟁으로 인한 파괴, 궁핍, 폭력, 환상, 불안, 공포 등과 깊은 연관성을 지닐 수밖에 없다. 그의 시의 낭만성 역시 이러한 시대와의 관계하에서 해석되어야 할 것이다. 우리 시인들의 시에 내재되어 있는 낭만성을 찾아내어 그 차이를 해석해낼 때 그의 시의 낭만성 혹은 낭만주의는 보다 구체성을 띠게 되리라고 본다. 이번에 그의 시에서 읽어낸 낭만성의 보편성과 특수성을 다른 시인의 그것과 서로 비교하다 보면 자연스럽게 그의 시의 낭만성이 지니는 문학사적인 의미도 드러날 것이고 또 이것이 모이면 우리 시의 낭만주의적 흐름도 드러나게 될 것이다. 우리 시사에서 혹은 우리 문학 연구의 장에서 배제되어온 시인을 복원하는 일은 단순히 그들이 소외되었기 때문이 아니라 그들의 시가 당대 문학의 지형 속에서 일정한 미학적, 사상적 의미를 지니고 있기 때문이며, 이러한 의미를 재조명함으로써 우리 문학사의 층위를 보다 입체적으로 복원하려는 시도라고 할 수 있다. 어쩌면 그의 시에 대한 나의 이해와 판단이 잘못되었을 수도 있고, 만일 그렇다면 또 다른 연구자가 그것을 증명하면 될 것이다. 다만 어떤 선입견과 고정관념에 의해 그를 비롯한 다른 시인들을 섣불리 재단하고 평가해서는 안 되며, 열린 시각에서 그들의 문학적 의미를 재검토해야 할 것이다.

명재야, 길손이 독산에 대하여 굳이 묻거들랑
- 나의 아버지, 시인 공중인*

나의 아버지, 공중인은 1950년대와 1960년대 가장 유명한 시인 중 한 분이셨다고 합니다. 신경림 시인의 말에 따르면 당시 신문가판대에서 아버지의 시가 실리지 않으면 신문이 안 팔릴 정도였다고 합니다. 시인 김광섭은 아버지의 시가 "대상을 심미적 감동에서 포착하는  풍부한 정열"로 표현한다고 하였습니다. 아버지 공중인은, 지금은 아버지를 기억하는 분들이 별로 없지만, 그 당시 동시대를 살아가던 독자들로부터 열렬히 사랑받으셨다는 점에서 행복한 분이셨습니다.

---

* 2025년《대산문화》가을호(99호)에 수록된 글.

저는 아버지가 남긴 자녀 2남 1녀 중 막내고, 문학이 아닌 경제학을 공부하였지만, 아버지를 회고하는 글을 써달라는 요청에 흔쾌히 응했습니다. 1965년 40세에 돌아가신 아버지는 오늘도 제 가슴속에, 제 기도 속에 살아계시기 때문입니다. 그런데 막상 쓰려고 하니 아버지 돌아가실 때 제가 3개월 있으면 초등학교에 들어갈 나이여서, 유년기 시절 아버지와의 추억은 단편적으로 기억하고 있을 뿐이었습니다. 하지만 다행히도 평생 저를 지탱해온 아버지의 모습을 저는 간직하고 있습니다. 제가 기억하지 못하는 아버지의 모습은, 93세로 아직 생존해 계신 어머니 말씀에 의존할 수밖에 없기에 독자들의 이해를 부탁드립니다.

저는 아버지에 대한 좋은 기억밖에, 아버지가 훌륭한 분이셨다는 기억밖에 없습니다. 제가 어렸기 때문이기도 하고, 아버지 돌아가실 때 33세로 홀로 되신 어머니께서 아버지에 대해 나쁜 말씀을 한 번도 하시지 않았기 때문입니다. 아버지가 술, 담배를 너무 많이 하셔서 일찍 돌아가시고, 돈 한 푼 없이 어린 삼 남매만 덩그러니 남겨놓아 어머니는 평생 고생을 수도 없이 하셨습니다. 하지만 아버지는 술고래, 줄담배라는 점만 빼면 늘 손에서 책을 놓지 않던 정말 훌륭한 분이셨다는 말씀을 어머니로부터 저는 평생 들어왔습니다.

아버지는 1925년 함경남도 이원권 동면 고암리에서 태어나셨습니다. 제가 대학 다닐 때 함경남도 '이원군민회'에 간 적이 있는데, 어르신 말씀이 고암리에 '공씨 집성촌'이 있었고, 선비들이 많은 곳이었다고 합니다. 아버지는 다섯 살 때부터 서당에 다녔는데 두세 살 더 많은 형들보다 공부를 잘해 훈장 선생님께 가장 우수하다고, '올콩'이라고 늘 칭찬을 받으셨다고 합니다. 할아버지가 함경북도 도청 소재지인 청진에서 한의사를 하시어 아버지는 할머니가 계신 이원을 떠나 초등학교부터 청진에서 공부하셨습니다. 나이가 드실수록 할머니에 대한 그리움이 컸다고 합니다.

이버지는 함경북도 청지의 천마소학교를 1등으로 졸업하고 청진의 경성고보를 졸업했는데 동기생들은 영화감독 신상옥, 시인 김규동 등입니다. 경성고보에서 공부를 상당히 잘하셨지만, 할아버지가 아버지 고2 때 심장마비로 돌아가시는 바람에 가세가 크게 기울었다고 합니다. 아버지는 해방 후 1946년 월남하셨습니다.

6·25 사변이 터지면서 아버지는 시인 모윤숙과 함께 애국시를 낭송하는 방송을 하시고 문총구국대의 일원으로 활동하셨는데 인민군에게 체포되어 북송되다가 탈출하는 과정에서 온갖 고생을 하셨다고 합니다.

아버지는 1965년 명동성모병원에서 루까라는 세례명으로 대세를 받고 돌아가셨습니다. 그 영향으로 어머니, 최금선 모니카를 포함한 가족 모두가 천주교인입니다. 아버지의 장례미사는 혜화동성당에서 있었는데, 저는 그날 장례미사부터 아버지가 망우리 공동묘지에 묻히실 때까지 하염없이 울었던 기억밖에 없습니다. 일곱 살 나이에 그렇게 슬펐냐고 의문이 들 수도 있을 겁니다. 하지만, 어린 저였지만 아버지의 죽음은 말로 표현할 수 없이 너무너무 슬펐습니다. 아버지는 저를 너무나 예뻐해주셨습니다. 그런 아버지가 혜화동성당에서, 전혀 틈도 보이지 않는 '관'이라는 나무에 들어가 계셔서 슬펐습니다. 망우리 공동묘지에 묻히실 때도 아버지를 다시 볼 수 없다는 생각에 눈물이 폭포수처럼 앞을 가렸습니다. 어린 나이였기에 죽음의 의미를 제대로 몰랐겠지만, 아버지의 죽음은 평생 제 삶에 큰 영향을 미쳤습니다.

저는 너무 일찍 철이 들어버려서 평생 어머니 말씀을 거역하지 않는 착한 아들이 되었습니다. 홀어머니 슬하 가난한 집에서 자랐지만, 제가 대학부터 미국에서 경제학박사 학위를 받을 때까지 학비, 생활비를 모두 지원받을 수 있었던 것도 아버지의 죽음으로 일찍 철이 들어 열심히 공부했기에 가능했던 일이었습니다. 아버지는 일찍 돌아가셨지만, 제가 어릴 때 발간되었던 학원세계대백과사전에 현대 인물로 공씨 가운데 아버지가 거의 유일하게 올라와 있어서 저는 아버지를 평생 자랑스럽게 생각했고, 아버지를 1/10이라도 닮자는 마음이 제 노력의 원천이었습니다. 백과사전에 오르지는 못했다 하더라도, 사실 '시인의 아들'이라는 자긍심을 아버지는 저에게 남겨주셨습니다.

아버지는 간암 때문에 복수로 배가 산더미처럼 불러 있을 때도 병원 침대에서 다리에 저를 태우시고 제가 '깔깔깔' 하고 웃을 때까지 계속 얼러주셨습니다. 아마 여섯 살 크리스마스 때였던 것 같습니다. 산타할아버지가 밤늦게 굴뚝을 타고 오셔서 선물 주는 것을 보려다 어느새 잠이 들었습니다. 아버지가 기분 좋게 취하셔서 어머니와 두런두런 말씀하시는 소리에 눈이 뜨였는데,

그때 산타할아버지 대신 아버지가 큰 엿을 제 머리맡에 놓으셨습니다. 아버지는 시 「단장초」에서 "명재야, 길손이 독산에 대하여/ 굳이 묻거들랑, 이처럼 일러라// 동해의 노을이 가기 전에!/ 신은 산을 비어, 해변가 그 황홀한 꽃곁에/ 한나절 졸고 있었습니다"라고 제 이름도 부르고 있습니다. 서울 답십리 주택에 사시면서 아버지는 늘 정원 나무를 가꾸셨는데, 그 모습이 아직도 눈에 선합니다. 제게는 징그럽게만 보였던 도마뱀을 정원에서 손으로 잡으시며 설명하시고 다시 정원에 놔주시던 모습도 선합니다. 서재에서 항상 책을 읽으시던 모습도 떠오릅니다. 이런 기억들이 저에 대한 아버지의 사랑을 평생 느끼게 한 원천이었던 것 같습니다.

어머니 말씀에 따르면 아버지는 천상 '무골호인'이셨다고 합니다. 어머니가 이웃과 다투신 일이 있는데 그 가족들이 나와서 그 사람 편을 드니 어머니는 분하셨던 것 같습니다, 그래서 역성을 들어달라고 아버지를 모시고 나왔더니, 그저 허허 웃기만 하셨다고 합니다. 어머니는 그 당시 섭섭하셨겠지만, 아버지는 다른 사람과 다툼 한번 없는 호인이셨습니다. 과일을 살 때도 가게에서 사지 않으시고 노점에서 고생하시는 분들에게서 사셨다고 합니다. 시인이라 본인도 어려웠지만 다른 어려운 사람들을 늘 도우려고 하셨다고 합니다.

아버지 신장은 178cm로 경성고보에서 검도선수, 수영선수도 했을 만큼 건강하셨다고 합니다. 그러나 쓰러지신 후 불과 몇 달 만에 허무하게 돌아가셨습니다. 어머니는 아버지 병원비를 감당하지 못해 집을 팔고, 청계천 서점상에 아버지의 산더미 같은 책들을 팔아야 했습니다. 어릴 때 아버지 책들을 본 기억이 나는데 주로 일본 책들이 많았고 컬러 미술책, 화보책들도 많았습니다.

2015년 아버지의 시집 『무지개』를 다시 발간했는데, 그 시집을 읽은 한성대 교수 전완식 화백은 "서양曙洋 '공중인' 시인의 감성이 작용한 시어는 자연을 떠올리게 하며 인간의 내면을 비추어내는 거울 같기도 하다. 그의 시는 글이면서 그림이고 우리 한국인의 영혼이라는 생각이 늘었다."고 합니다. 하여 전 화백은 시집 『무지개』를 읽고 느낀 시상을 떠올리면서 「서양을 생각하며」라는 작품을 그렸습니다. 저희 집 거실에 그 그림이 걸려 있어서 사실 아버지는 지금도 늘 저와 함께 살아가고 계십니다.

「서양을 생각하며」 (그림: 전완식)

저는 문학과는 거리가 멀어서 아버지의 시가 여전히 어렵다고 느낍니다. 그러나 아버지는 평생 사랑으로 함께하셨고, 제가 힘들 때마다 저에게 힘을 주시고, 자긍심을 주셨습니다. 지금도 매일 기도 속에서 아버지를 만나고 있어 행복합니다. 아버지! 아버지 공중인의 아들로 태어나게 해주셔서 감사드립니다.

공명재*

---

* 경제학 박사, 전 계명대학교 교수, 전 한국수출입은행 감사.

부록

잡지에 실린 결혼식 사진

1955년 가족사진

1955년 고궁에서

장남 명화 군과

명화, 은주와
최금선 여사 동생 최경용

세 자녀
(왼쪽부터 명화, 명재, 은주)

공중인 시인의 연애편지*

〔내 곁에 사는 구원久遠의 금선金善에게〕 (제4신)

그리운 이여! 고마운 화신花信은 모─든 나의 심혈心血에 어느 유곡幽谷의 드맑은 물결과도 같이 변함없이 흐르고 있습니다.

그리운 이여! 어쩌면 우리 두 사이는 현금絃琴과도 같이 융합된 음률을 가질 수 있습니다! ……진실로 '부부'라는 참다운 정은 이런 산울림과 같은 것인지, 부르면 따라 부르는 그 '리리칼'한 구원久遠의 시정詩情. 인생은 고민 속에서도 이런 흔들 수 없는 마음의 안식에 의지하여 이어지는가 봅니다.

---

* '공중인 시인의 연애편지'는 제목을 보면 결혼 후에 보낸 서신 같지만, 내용을 보면 결혼(1953. 6. 6.)하기 전 최금선 여사에게 보낸 4번째 서신(1953. 3. 27.)이다. 두 분 사이 연애편지들을 공중인 시인은 귀한 것처럼 소중하게 까만 종이로 싸서 보관하였다. 서신들 가운데 제4신(4번째 편지)이다.

그리운 이여! 며칠 몹시도 피곤하여 곧 보내지 않고는 견딜 수 없는 붓을 참고, 3일 만에 보내게 된 것을 용허하십시오. 여기는 모두 무사하오며 '봄'을 그대로 상징하는 것 같습니다. 기뻐하여 주십시오.

그리운 이여! 아마도 4월 말이나 5월 중에는 우리의 첫길이 기념될 '영원의 약속'이 맺어질 줄로 확신합니다. ……비단 형식에 지나지 않는 습성의 답습이라 인정하면서…… 나도 사람인지라 남처럼 그 길을 따라가는가 봅니다. 만일에 그때 시간이 허락되면 나도 동행하겠습니다. 그러나 과연 '시간'은 나에게 그런 아름다운 기회를 부여하여 줄는지 신이 아닌 바에야…… 그곳 천리 길을 형께서 가시게 되리라 믿습니다.

그리운 이여! 그러면서도 나는 한편 몹시 불안을 느끼고 있습니다. 이 고민은 오래 지속될 수는 없다고 자위하나, 좀처럼 사라지지를 않습니다.

그리운 이여! 그러기에 철없는 어린애와도 같이 당신을 부르는가 봅니다. 몹시 지쳐서 일에 싫증을 느낄 때마다 그리운 이여! 나의 눈은 서슴없이 당신을 들여다

봅니다. 그것은 분명히 또 하나의 나 자신이었기 때문입니다! (거짓말이라고 생각지 마세요.)

그리운 이여! 이 글을 쓰는 순간만큼 나 자신이 순수하고 고양되고 기쁠 때가 더—없습니다. 티없는 마음의 '귀착지'를 나는 또 무엇으로써 표현하오리까.

영원히 그리운 이여! 이 마음이 변치 않도록 나는 "신의 감시"를 스스로 받을 것을 주저치 않습니다. ……이제쯤 무엇을 하고 계신지……

그리운 이여! 나는 내 곁에 사는 당신 금선의 생각으로 가득차 있습니다.
아— 언제 어느 날이면 그리운 이가 정말 내 곁에 있을는지…… 천추千秋같이 기다려집니다.

3/27 당신의 중인이

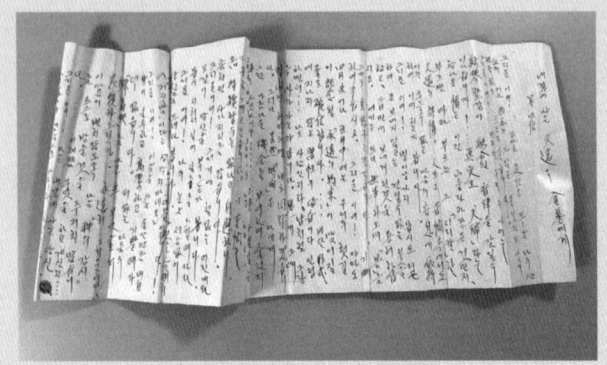

최금선 여사에게 쓴 연애편지

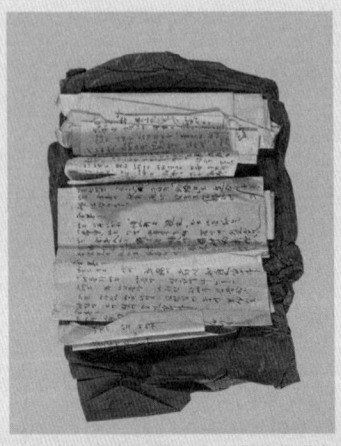

최금선 여사와 공중인 시인의 연애편지

최금선 여사에게 쓴 연애편지를 모아
소중하게 싼 모양

공중인 시인의 수필

[시와 진실]

아내를 사랑할망정 결코 나는 공처가恐妻家는 아니다.

휴일이면 아내는 내가 좋아하는 덕수궁을 함께 소요
하고 풀밭에서 이야기를 주고받는 것을 그 무엇보다도
즐긴다. 덕수궁은 나의 보잘것없는 시의 귀착지요 생활
의 반성과 정진을 구상하는 명상의 원천이요 처를 사랑
하는 조용한 마음속의 낭만적인 궁전이다.

　　하늘에 종다리 우짖으면
　　그때엔 나를 生각하라, 사랑이여
　　노을의 빛보래처럼 찬란히
　　그의 노래는 연연 비껴가리라
　　어디까지나 영원을 노래 흔들며
　　나래치는 내 노래의 정인가 싶으니!

오늘의 아내에게 보낸 첫 서신의 머리에 장식한 이런 시정은 그때의 전부였는지도 모른다. 나에게 있어선 이미 분방한 성격의 무궤도적인 낭만은 종말을 고하여야만 되었다. 그렇다! 이젠 가정이, 생활이 필요하게 된 것이다. 흘러간 비수悲愁의 젊음을 이대로 더 - 학대할 수는 없는 것이다.

마침내 종말을 고하는가
나의 청춘이여
서산엔 서산마루엔 저녁노을
아 - 피로 물들인 나의 유체流涕!

이것은 절망이 아니라 체념인 것이다. 스스로의 심중에서 호곡號哭하는 절망의 비오론의 속삭임과는 영영 결별하지 않고서는 나는 다시 일어설 수 없을 것만 같았다.

자위自慰와 신생新生을 위하여 나는 다시금 괴테의 『이태리기행』을 읽었다. 그때 나는 현실에 돌아오고 미래를 한없이 굽어볼 수 있었다.

일본의 어떤 시인이 "시는 어서 결혼하라고 독촉한다. 막상 결혼하고 보니, 가난이 통곡하고 어느새 시는 달아나 버렸다."는 뜻의 노래를 읊은 것을 회상하여 본다.

그러나 나는 시가 나에게서 도망질치더라도 나는 아내와 가정과 생활을 저버릴 수는 없는 것이다. 정녕 시보다는 생활을 선택하였나 보다. 그러나 종시 나의 혈맥 血脈에서 이 탈선하기 쉬운 낭만적 성격은 오래도록 청산이 되지 않는 모양이다.

〔공중인 시인 가계도〕

공중인: 공승일孔承一, 한동라韓東邏 슬하 2남 1녀 중 차남.
1925년 함경남도 이원군 동면 고암리 70번지에서 출생하여
부친이 한의사로 일하던 함경북도 청진에서 천마소학교를
다님. 함경북도 경성고보 졸업.

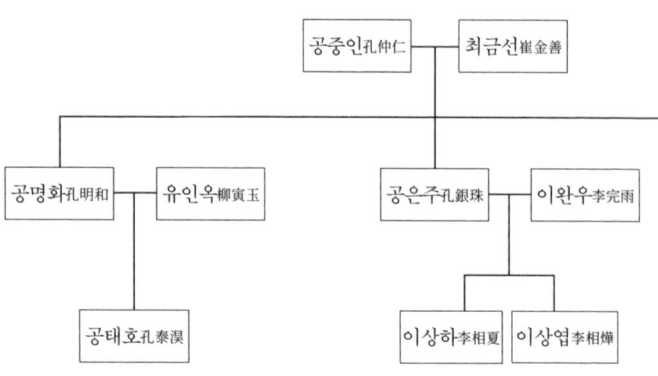

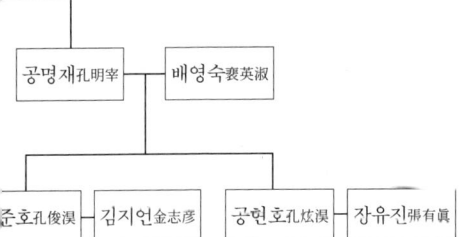

공명재孔明宰 ── 배영숙裵英淑

준호孔俊湨 ── 김지언金志彥   공헌호孔炫湨 ── 장유진張有眞

[공중인 시인 연표]

1925. 1. 24.   함경남도 이원군 동면 고암리 71번지에서 한의사
                공승일, 한동라 부부의 2남 1녀 가운데 차남으로 출생

1944. 3.   함경북도 경성고보 졸업
                동기생 영화감독 신상옥, 시인 김규동 등

1946   월남하여 김윤성・정한모・조남사・전광용 등과
                《시탑》 동인으로 시를 발표

1949   《백민》에 「바다」, 「5월송」 등을 발표하면서
                본격적으로 문단 활동

1949   종합잡지 《신세기》 편집기자

1950   [한국문화연구소]에서 최태응과 함께 《별》 편집

1951   육군사관학교 교가 작사(작곡자: 김순애)

1953   「최후의 무지개」(《자유세계》, 1953. 6.), 동년 6월 6일
                최금선과 결혼

1954   장남 명화 출생

1955   편저 『전시한국문학시편』(1955. 6.),
                『세계여류시인집』 발간

1956   딸 은주 출생

1957   시집 『무지개』(삼천리사) 발간, 삼천리사 주간
                「나무」(장시.《자유문학》, 1957. 11.), 「유랑」(1957. 12.)
                등 발표

1958   시집 『조국』(1958) 발간
                「영곡」(1958. 5.), 「조국의 음악」(《현대문학》, 1958. 6.)
                「백자부」(《자유문학》, 1958. 11.) 등 발표

1959	차남 명재 출생
1962	역서『알쏭달쏭, 휘문출판사』 발간
1950~1965	《희망》,《현대여성》,《여성계》등의 편집장을 역임하였고《자유신문》,《삼천리》주간을 지냄
1965. 11. 18.	오후 2시 30분, 서울 명동성모병원에서 "루까"로 카톨릭 대세를 받고 소천
2015. 9.	작고 50주년을 맞아 시집『무지개』(문학세계사) 복간
2016. 4. 29.	육사 교가비 제막(공중인 작사, 김순애 작곡)
2020. 8.	《월간조선》8월호 "예가를 찾아서"에 공중인 시인 특집기사
2025. 11.	탄신 100주년을 맞아 시집『또 하나의 무지개』 발간

육사 교가비 제막식에서
(1열 가운데 육사교장 최병로 중장 좌우에 최금선 여사와 공명제)

공중인(1925~1965)

시인, 출판인, 기자. 아호는 서양曙洋. 함경남도 이원利原 출생.
경성고등보통학교를 졸업했다. 1946년 김윤성·정한모·조남사 등과
함께《시탑》동인으로 활동하면서 동인지를 펴냈다. 1949년 종합잡지인
《신세기》의 편집기자로 활동하였고, 1950년부터는 한국문화연구소에서
작가 최태응과 함께《별》을 편집하였다. 이후《희망》,《현대여성》,
《여성계》등의 편집장을 역임하였고《자유신문》,《삼천리》의 주간을
지내기도 했다. 영국 낭만주의와 프랑스 상징주의에 영향을 받아
현대적 감각에 밀착된 서정의 세계를 묘파한 것이 작품 특징이다.

또 하나의 무지개 – 공중인 탄생 100주년 기념 시집

초판 1쇄 발행 · 2025년 11월 28일

지은이   공중인
펴낸이   김요안
편집   강희진
디자인   김이삭

펴낸곳   북레시피
주소   서울시 마포구 신수로 59-1
전화   02-716-1228
팩스   02-6442-9684
이메일   bookrecipe2015@naver.com | esop98@hanmail.net
홈페이지 https://bookrecipe.co.kr
등록   2015년 4월 24일(제2015-000141호)
창립   2015년 9월 9일

ISBN 979-11-93551-52-3 03810

종이 · 화인페이퍼 인쇄 · 삼신문화사 후가공 · 금성LSM 제본 · 신안제책